WOLFGANG REINISCH

GESCHICHTEN AUS DEM REICH DER TIERE

und andere lustige Gedichte

BAND 3

244 humorvolle Gedichte
für Erwachsene

VERLAG EPPE GMBH · BERGATREUTE / AULENDORF

*Dieses Buch
ist meinem Publikum und
meiner treuen Leserschaft gewidmet*

© 2011 Verlag Eppe GmbH · Bergatreute / Aulendorf

Umschlaggestaltung: Markus Vogel, Germering
www.vogelwuid-cartoons.de

Satz, Reproduktion und Druck:
Verlag Eppe GmbH · Bergatreute / Aulendorf

ISBN 978-3-89089-273-3

Inhaltsverzeichnis

Seite   Seite

Geschichten aus dem Reich der Tiere

Seite	Titel		Seite	Titel	
11	Der Hund		23	Der Delfin	
11	Der Bühnenelefant		23	Die Ölsardine	
12	Der bunte Delfin		23	Die Poente	
12	Die Kirchenmaus		24	Das Wiedersehen	(Viren)
13	Der Chinchilla		24	Die Zeitungsente	
13	Der Wurstdieb	(Hund)	24	Beim Fotografen	(Huhn)
13	Eine Begründung	(Pferd)	25	Der kluge Hund	
14	Das Katzenmedikament		25	Die besorgte Schnecke	
14	Der Klapperstorch		26	Die frustrierte Schnecke	
14	Wie schade!	(Tausendfüßler)	26	Anglerlatein	(Fisch)
15	Adebar	(Würgeschlange)	27	Eine Namensgebung	(Schnecke)
15	Der Überfall	(Gorilla)	27	Die Holzwurmparty	
15	Der Blutegel		27	Die zwei Tauben	
16	In der Metzgerei	(Hund)	28	Der eitle Pfau	
16	Auf der Waage	(Hund)	28	In der Pubertät	(Hase)
16	Die alte Fledermaus		28	Vertan	(Hahn, Ente)
17	Wahres Tempo	(Schnecke)	29	Der verliebte Schneckerich	
17	An der Ampel	(Tausendfüßler/Schnecke)	29	Auf der Couch	(Hund)
18	Die schlafenden Fische		29	Die Rummelhasser	(Schnecke)
18	Nach der Kur	(Papagei)	29	Oh, wie schön!	(Pinguin)
18	Das Lieblingstier	(Spanferkel)	29	Das Versuchskaninchen	
19	Der Skorpion		30	Die Bestellung	(Huhn)
19	Der Flugschüler	(Schildkröte)	30	Der Verängstigte	(Kater)
20	Hals über Kopf	(Giraffe)	30	Der Einsame	(Schwein)
20	Ein spezieller Hund		30	Bei der Eheberatung	(Maus)
20	Ein Rätsel	(Biene)	31	Der Automarder	
21	Gott sei Dank!	(Affe, Esel, Kamel)	32	Der Fischotter	
21	Der Frustrierte	(Motte)	32	Sehr ökologisch	(Huhn)
21	Die Dackeldame		32	Der Ungläubige	(Schafsbock)
21	Das Taubengespräch		32	Einfach unglaublich!	(Huhn)
22	Der Trauernde	(Hund)	33	Die schlanke Spinne	
22	Der Koalabär		33	Die Gazelle	

Seite		Seite	

Geschichten aus dem Eheleben

34	Das Buch	38	Die glückliche Ehe
34	Der volle Ernst	38	Der Arbeitslose
34	Die Marterzeit	39	Der Faule
35	Der Beweis	39	Die Kurzschlusshandlung
35	Das Plagiat	40	Auf der Silberhochzeitsfeier
35	Der Trinker	41	Der Tyrann
36	Der letzte Wunsch	41	Nach der Hochzeitsnacht
36	Die Frigide	42	Am Wünschelbrunnen
36	Die Prostituierte	42	Der Hochzeitstag
37	Die Bildbetrachtung	43	Grüße von der Kegeltour
37	Die 3 Wünsche	43	Der Betrunkene
38	Im Supermarkt		

Geschichten von der etwas einfältigen Susi

44	Das rote Kleid	47	Der Küsser
44	Der Korb	48	Dumm gelaufen
45	Der neue Freund	48	Die Gegenfrage
45	Der Zärtliche	48	Beim Stelldichein
45	Der Postbote	49	Die Englischprüfung
46	Die neue Jeans	49	Bei der Vorstellung
46	Die erste Liebe	49	Der größte Lover
46	Das Schiebedach	50	Die Nietenhose
46	Die Anhalterin	50	Das Telefonat
47	Platonische Liebe		

Geschichten, die das Leben schrieb

51	Das Bikinioberteil	55	Die Entdeckung
52	Die Stirnlocke	56	Die dicken Waden
52	Die Attraktion	56	Der Rülpser
53	Am frischen Grab	57	In Seenot
53	Suleika	57	Die Wundertherapie
54	Die Verlobten	58	Der Hotelpage
54	Im Koma	58	Der Aufgebrachte
54	Im Opernhaus	59	Im Séparée

Seite		Seite	
59	Der Gallenschmerz	64	Der ewig Muntere
60	Die Ehrenrettung	65	Auf dem Kontakthof
61	Die Bühnenhose	65	Nach der Zauberschau
62	Welch ein Glück!	66	Im Nachtclub
62	Der anspruchsvolle Kunde	66	Ein bayrischer Brauch
63	Der Frauenhasser	67	Der Straßenmusikant
63	Im Kloster	67	Visite beim Sultan
64	Das schlechte Betriebsklima	68	Die Brautvaterrede
64	Die Sparsamkeitspredigt	68	Der Staubsaugervertreter

Geschichten aus Willis Kneipe

69	Es stinkt	76	Durch Zufall
69	Der Scheidungswillige	77	Der Guterholte
70	Der Leidende	77	Einfach zu verstehen
70	Wer ist der Mutigste?	78	Der Neider
71	So ein Glück!	78	Der Verängstigte
71	Nach der Urlaubsreise	79	Der Treppensturz
71	Der Prahlhans	79	Nach dem Zahnarztbesuch
72	Der unzufriedene Gast	80	Welch eine Erkenntnis!
72	Ausgerechnet am Freitag	80	Der Flenner
73	Das Versprechen	81	Die Vermisste
74	Der Betrogene	81	Der Traum
74	Der Verlassene	82	Das Badewasser
75	Der Ratsuchende	82	Der blöde Esel
75	Prosit Neujahr!	83	Die große Freude
76	Zwei gute Gründe	83	Das Autorengespräch

Geschichten von der liebenswerten Familie Meier

84	Das Weihnachtsgeschenk	88	Die Unverstandene
84	Der Löcherkäse	88	Beim Friseur
85	Der Wackelpudding	88	Der Perverse
85	Das Wollknäuel	89	Nach dem Empfang
86	Das schwache Herz	89	Im Schuhgeschäft
86	Der böse Traum	89	Die Antwort
87	Der Jackenknopf	90	Vor dem Spielkasino
87	Die neue Sekretärin	90	Die neue Stellung

Geschichten, welche nachdenklich stimmen

Seite		Seite	
91	Die zweite Uhr	94	Der Heide
91	Das Geduldsspiel	95	Das Ei
92	Die Verunsicherung	95	Ein Statistikproblem
92	Der Glasermeister	95	Der Wegzug der Schwiegermutter
93	Der Blitzableiter	96	Glück oder Gesundheit
94	Der Aberglaube	96	Wahre Gerechtigkeit

Geschichten, unglaublich und verrückt

97	Die Spiegeleier	102	Der Senf
97	Im Schirmständer	102	Der Luftballon
98	Die Butter	103	Die Einladung
98	Ein Zwiegespräch	103	Ein Gespräch unter Kerzen
98	Die ungewollte Schwangerschaft	104	Das Zwiegespräch
99	Äußerst stürmisch!	105	Die Schokolade
99	Die Glühlampe	105	Wie schön ...
99	Die Aufforderung	105	Verrückte Welt!
100	Im Schwimmbad	106	Das Schneegestöber
101	Die Milchflasche	106	Die frustrierte Glühbirne
101	Die Thermosflasche	106	Der Abfalleimer

In der Kürze liegt die Würze - satirische Vierzeiler

107	Wenn ich einst ...	108	Das Callgirl
107	Welch ein Pech!	108	Der Sänger
107	Die Polizeikontrolle	109	Der Taschendieb
107	Eine Turnübung	109	Der Milchmann
108	Schlimmer noch ...	109	Das Freudenmädchen
108	Der Tierfreund	109	Der Leichtmatrose
108	Der Feuerschlucker		

Humorvolle Grabsteingedichte

110	Der Geisterfahrer	111	Der Geizhals
110	Der Kettenraucher	111	Die Jungfrau
110	Der Uhrmacher	112	Der Schneider
110	Der Beamte	112	Der Politiker
111	Der Hypochonder	112	Das Eheweib
111	Der Dompteur	112	Der Friedhofsgärtner

Vorwort

Der Autor, von Beruf Dipl.-Ing., Dipl.-Wirt.-Ing., beschäftigt sich seit über 30 Jahren mit der für ihn persönlich schönsten Freizeitbeschäftigung, nämlich mit der Zauberkunst.

Während eines sechsmonatigen beruflichen Aufenthalts in Ohio/USA kam er durch Zufall in einen Magic Shop. Seit diesem Zeitpunkt hat ihn der „Bazillus Magicus" befallen und bis heute nicht wieder los gelassen. Als „Wolfgang der Magier" erfreut er nun seit vielen Jahren mit seiner magischen Kunst sowohl Erwachsene als auch Kinder und sorgt mit seiner humorvollen Art stets für beste Unterhaltung zu allen Gelegenheiten.

Darüber hinaus kam er vor vielen Jahren auch mit der Kunst der Ballonmodellage in Berührung, einer Kunstform, die ihn ebenfalls in seinen Bann zog und sehr faszinierte.

Die Modellage von luftgefüllten Gummi-Skulpturen der verschiedensten Art, wie z. B. Tiere, Blumen, Hüte usw., wurde neben seiner Zauberkunst auch zu einem festen Bestandteil seiner Unterhaltungsprogramme.

Und als ihm dann letzten Endes noch die Idee kam, sowohl die Zauberkunst als auch die Modellage seiner Ballonskulpturen mit humorvollen Gedichten aus eigener Feder zu begleiten, gab dies seiner künstlerischen Entwicklung eine völlig neue Richtung.

Mittlerweile entstammen seiner Feder über 120 humorvolle Gedichte zur Zauberei, welche von ihm für ein entsprechendes Fachpublikum in 6 Bänden veröffentlicht wurden.

Des weiteren wurden von ihm aber auch über 400 Gedichte zur Ballonmodellage geschrieben, welche bislang in 5 Bänden für die Gilde der Ballonkünstler publiziert wurden.

Er selbst trägt während seinen verschiedenen Programmen Hunderte seiner selbst verfassten humorvollen Gedichte frei vor und sorgt damit im Rahmen der Zauberei und Ballonmodellage stets für beste Unterhaltung.

Egal welches Tier ihm im Rahmen seiner Ballonschau zugerufen wird, er hat das passende Gedicht dazu auf Lager und trägt es dazu auch noch wie aus der Pistole geschossen frei vor. Und mit weit über 70 Skulpturen, die er auch zu modellieren weiß, kann er in den meisten Fällen sogar mit dem gewünschten „Gummitier" dienen.

Weil nach seinen zahlreichen Vorführungen häufig die Frage an ihn gerichtet wurde, ob seine Gedichte auch käuflich zu erwerben sind, ist in der Folgezeit in ihm der Gedanke gereift, seine lustigen Gedichte zu veröffentlichen und damit einem breiten Publikum zugänglich zu machen.

Der vorliegende Gedichtband – „Geschichten aus dem Reich der Tiere", Band 3 – fügt sich nahtlos in die bisherige Bücherreihe des Autors ein. Allerdings lernt der Leser in diesem Band 3, der analog zu Band 2 für Erwachsene gedacht ist, nicht nur mehr als 60 neue humorvolle Tiergedichte kennen, sondern zugleich 180 Gedichte zu den nachfolgenden Themen, die den unverwechselbaren Humor dieses vielseitigen Künstlers widerspiegeln:

- Geschichten aus dem Eheleben,
- Geschichten von der etwas einfältigen Susi,
- Geschichten, die das Leben schrieb,
- Geschichten aus Willis Kneipe,
- Geschichten von der liebenswerten Familie Meier,
- Geschichten, welche nachdenklich stimmen,
- Geschichten, unglaublich und verrückt,
- In der Kürze liegt die Würze (satirische Vierzeiler),
- Humorvolle Grabsteingedichte (total schwarzer Humor).

Mit dem vorliegenden Gedichtband folgt der Autor erneut den Wünschen seines Publikums.

Geschichten aus dem Reich der Tiere

Die folgenden vier Gedichte beziehen sich im Rahmen meiner Ballonschau direkt auf die zu modellierenden Tiere, welche nach deren Fertigstellung dem Publikum als Geschenk überreicht werden.

Der Hund

Auf der Bank hab ich vernommen
ich sei nun auf den Hund gekommen!

Ja, hört nur alle zu und her,
mein Konto das ist völlig leer
und Kredit hab ich auch nicht mehr
drum fällt das Leben mir so schwer!

So steh ich hier in dieser Runde
und mache luftgefüllte Hunde!

Der Bühnenelefant

Bei allen Menschen gut bekannt
ist der Bühnenelefant,
welcher nur dient einem Zweck,
dass gezaubert er wird weg!

Ansonsten hat er nichts zu tun,
darf sich pausenlos ausruh'n,
wobei er jede Menge frisst
und deshalb macht auch sehr viel Mist!

Für einen solchen Elefanten,
den schon die alten Römer kannten,
fehlt mir leider hier der Platz,
weshalb ich sorgte für Ersatz.

So sehen sie denn heute nur
keinen echten in Natur,
sondern nur ein Gummitier,
genauer gesagt dieses hier
in Farbe blau bis hin zum Schwanz ...

Ach ja, sein Name der ist Franz!

Der bunte Delfin

Der Delfin ist geschickt und schlau
und meistens rundherum ganz grau.

Das wirkt zwar äußerst elegant
doch leider nicht sehr interessant,
weshalb er sich besonders freute,
als er mal blau war so wie heute!

Die Kirchenmaus

In der Kirche, nicht zu Haus,
lebt die berühmte Kirchenmaus.

Dort friert sie sehr, weil es nicht warm,
dazu ist sie noch bettelarm ...
Und Hunger hat der kleine Nager,
weshalb er auch so dürr und mager!

Ich hoffe, dass der Nimmersatt
es bei Ihnen besser hat!

*Mit den letzten Gedichtworten wird die Maus einem Zuschauer
aus dem Publikum überreicht.*

Und nun geht es mit den Tiergedichten weiter, welche in keinem direkten Zusammenhang mit der Ballonmodellage stehen.

Der Chinchilla

Im fernen Südamerika
hat der Chinchilla sein Revier,
er hat ein äußerst weiches Fell
und ist ein putzig Nagetier.

Und wegen seinem weichen Fell
liebt ihn gar sehr die Damenwelt,
die sich gerne mit ihm zeigt,
als Pelzmantel, der gut gefällt!

Der Wurstdieb

Weil mein Dackel Waldi neulich
zu Hause eine Wurst gestohlen,
tat ich zur Strafe äußerst gründlich
ihm erst einmal sein Fell versohlen.

Danach hab ich ihm klargemacht,
das heißt ich sagte ihm sodann,
dass er, weil er nun vorbestraft,
kein Polizeihund werden kann!

Eine Begründung

Ein Pferd kann niemals Schneider werden,
denn dazu macht es zu viel Mist,
und außerdem auch deshalb noch,
weil es dazu noch Futter frisst!

Das Katzenmedikament

Ein Kunde in der Apotheke:
„Meine Katze ist sehr krank!
Ich brauche Medizin für sie,
egal ob Pille oder Trank!"

Worauf der Apotheker meint
in Form von einem kleinen Schwatz:
„Ach wissen sie, ich hab' hier nur
Medizin, die für die Katz'!"

Der Klapperstorch

Frau Meier neulich zu klein Peter:
„Schau mal, dort oben auf dem Dach,
da sitzt ein echter Klapperstorch!",
und Peter drauf: „Das ich nicht lach'!

Ein Klapperstorch? Das kann nicht sein!
Das weiß doch heut' schon jedes Kind,
dass die Geschichten von dem Storch
nur dumme Ammenmärchen sind!"

Wie schade!

Die Tausendfüßlermutter traurig
zur heiratsreifen Tochter spricht:
„Es tut mir leid mein liebes Kind,
doch heiraten das geht noch nicht!

Dein Vater nämlich musst du wissen,
Gott möge ihn dafür verdammen,
hat bis heute nicht das Geld
für deine Brautschuhe zusammen!"

Adebar

Im Wanderzirkus Kokolores
da lebte einstmals Adebar,
welcher dort als Würgeschlange
sehr erfolgreich tätig war.

Denn alles was er morgens fraß
das würgte er, oh welch ein Graus,
des Abends im Manegenrund
vor aller Augen wieder aus!

Der Überfall

Drei ältere Touristinnen
auf Rundreise in Afrika
einst im Palmengarten saßen,
als plötzlich folgendes geschah.

Ein riesiger Gorilla tauchte
plötzlich auf und dann husch, husch,
schnappte er sich eine Dame
und verschwand mit ihr im Busch.

Da meinte eine von den beiden,
als der erste Schreck vorbei:
„Was mag er nur an Erna finden?
Die taugt doch nicht zur Liebelei!"

Der Blutegel

Der Blutegel ekelt mich,
wenn ich ihn seh' geht's mir nicht gut.
Viel besser hieße er Blutekel
denn er schmarotzt von meinem Blut!

In der Metzgerei

Ein Geier schaute mal vorbei,
und zwar in einer Metzgerei,
wo er nach Gammelfleisch keck fragte,
worauf der Metzger zu ihm sagte:

„Das Gammelfleisch, oh welch ein Graus,
ist schon leider alles aus!
Und auch wenn du jetzt kräftig knurrst ...
Es ist schon alles in der Wurst!"

Auf der Waage

Mit seinem Dackel auf dem Arm
steht Herr Meier auf der Waage
und merkt, dass Waldi zugenommen,
genau 6 Kilo, ohne Frage!

Und weil er sehr verärgert war,
schimpfte er in einer Tour,
und dann verordnete er Waldi
'ne 14 Tage Fastenkur!

Die alte Fledermaus

Eine alte Fledermaus
inkontinent hängt rum im Haus,
doch macht ihr dieses, welch ein Graus,
scheinbar überhaupt nichts aus,
weil sie dazu, wie man erkennt,
auch noch ziemlich stark dement!

Wahres Tempo

„Du bist der reinste Wirbelwind!",
so sprach 'ne Schnecke neulich mal,
zu ihrer Freundin auf der Straße:
„Dein Tempo ist ja epochal!

Gestern noch, ich bin mir sicher,
sah ich dich noch in weiter Ferne
auf der andern Straßenseite,
und zwar unter 'ner Laterne!"

An der Ampel

Die Ampel zeigt gerade grün,
der Tausendfüßler flitzt gleich los,
sein Tempo ist atemberaubend.
Einfach Wahnsinn! Grandios!

Doch kurz vor der andern Seite
kommt von rechts ein Schneckerich,
und stößt mit dem Tausendfüßler
zusammen, oh wie fürchterlich!

Der Tausendfüßler geht zu Boden,
die Beine ragen in die Luft,
und schmerzgepeinigt schreit er los:
„Was bist du für ein übler Schuft!

Ich hatte ganz eindeutig grün ...",
da brüllt der Schneckerich zurück:
„Ja, bis zum Bein sechshundertneunzig,
danach war rot das restlich Stück!"

Die schlafenden Fische

„Papa?", fragt der kleine Peter,
„sag mal, schlafen Fische auch,
so wie alle andern Tiere
und wie es auch beim Menschen Brauch?"

„Aber sicher doch, mein Junge,
Fische können schwimmen, tauchen
und sie schlafen jede Nacht,
wofür sie dann ihr Flussbett brauchen!"

Nach der Kur

Als Frau Meier nach der Kur
gut erholt nach Haus gekommen,
hieß sie der Papagei Alfredo
überraschend so willkommen:

„Kommt ruhig rein ihr hübschen Mädels!
Heute gibt's 'ne tolle Feier,
denn meine Alte ist verreist.
Willkommen zu 'nem flotten Dreier!"

Das Lieblingstier

Das Lieblingstier von meinem Onkel,
der 180 Kilo wiegt,
ist das bekannte Spanferkel,
das täglich er zum Essen kriegt!

Der Skorpion

Beim Skorpion am Hinterteil
befindet sich, spitz wie ein Pfeil,
ein Stachel, für ihn unentbehrlich,
doch für die Feinde sehr gefährlich!

Wenn er mit diesem Stachel sticht
dann überlebt man das meist nicht,
weil er dann damit, sehr gewitzt,
zugleich auch noch sein Gift verspritzt.

Und sehe ich 'nen Skorpion
denk' ich zugleich an die Person,
die sicher jeder von uns kennt
und die man Schwiegermutter nennt!

Der Flugschüler

Schon zum dritten Mal in Folge
klettert mühsam mit Geschnauf
die Landschildkröte Rosamunde
einen hohen Baum hinauf.

Und jedes Mal, kaum dass sie oben,
setzt sie an zu einem Flug,
und landet krachend auf dem Bauch
und dennoch hat sie nicht genug!

Schon setzt sie an zum vierten Mal,
sie ist ein wahrer Optimist,
bis eine Meise ihr erklärt,
dass sie ein Adoptivkind ist!

Hals über Kopf

Hals über Kopf war'n zwei Giraffen
ineinander einst verliebt,
so dass sie ihre langen Hälse
nicht auseinander mehr gekriegt.

Verknotet war'n sie ineinander
auf langer Strecke, ungelogen,
und dazu waren ihre Hälse
auch noch ziemlich krumm gebogen.

Und was lernen wir daraus
aus dieser knotigen Geschicht',
wenn zweie sich von Herzen lieben,
stört einen selbst so etwas nicht!

Ein spezieller Hund

Ein Hund auf einem Boot im Hafen
jault und bellt im Mondenschein,
worauf ich zu mir selber sagte:
„Das muss bestimmt ein Yachthund sein!"

Ein Rätsel

Er fliegt und macht dabei mus, mus,
wenn man ihn hört wird einem bang,
dazu ist er auch noch gefährlich ...
Der Bienerich im Rückwärtsgang!

Gott sei Dank

Affen, Esel und Kamele
zum Glück nicht kennen, Gott sei Dank,
die Bedeutung ihrer Namen,
sonst wären sie vor Scham wohl krank!

Der Frustrierte

Ein Motterich total frustriert,
schon Stunden im Schrank rumgeirrt,
seufzte tief auf als er sah,
dass kein heißes Höschen da,
wo er sich doch gerade heut'
aufs warme Essen hat gefreut!

Die Dackeldame

Als meine Dackeldame neulich
vor meiner Nichte Männchen machte,
schaute diese ganz entgeistert,
worauf sie dann von Herzen lachte.

Dann sagte sie mir: „Schau doch mal!",
vor Lachen prustend ganz erschöpft,
„Dein Dackel, das ist ja unglaublich,
ist doppelreihig zugeknöpft!"

Das Taubengespräch

Neulich trafen sich zwei Tauben,
worauf, sie werden es nicht glauben,
die eine was die andre fragte,
worauf diese zu ihr sagte:

„Ich versteh' nichts, mit Verlaube.
Du weißt doch, ich bin eine Taube!"

Der Trauernde

Der Lieblingshund von Förster Schulte
ist gestorben, welch ein Graus,
und deshalb weint sich Förster Schulte
bei seiner Frau, der Elsbeth, aus.

Er seufzt voll Wehmut in der Stimme
und weint dabei gar bitterlich:
„Ach Elsbeth, meine liebe Frau,
jetzt hab' ich leider nur noch dich!"

Der Koalabär

In Bezug auf den Verzehr
hat es der Koalabär
über alle Maßen schwer,
weil er, wie ihr ja sicher wisst,
ausschließlich Eukalyptus frisst!

Er lebt dazu, man glaubt es kaum,
auf dem Eukalyptus Baum,
von welchem er, auch wenn er munter,
so gut wie niemals steigt herunter.

Dort frisst bei jedem Wind und Wetter
er dessen Eukalyptusblätter,
aus denen, für die ganze Welt,
auch Bonbons werden hergestellt.

Und auf diese Art und Weise
raubt man ihm seine Lieblingsspeise,
weshalb ich übe gern Verzicht
und lutsche solche Bonbons nicht!

Der Delfin

Der Delfin gilt als Freund des Menschen,
er ist ein Säugetier, kein Fisch!
Er ist uns allen sehr sympathisch,
drum kommt er auch nicht auf den Tisch!

Die Ölsardine

In der Dose dicht gedrängt,
mit andern Worten eingezwängt,
dazu die Gräten noch verrenkt,
liegt die Sardine ölgetränkt,
weshalb ein jeder der sie kennt,
sehr passend Ölsardine nennt!

Die Poente

In Italien am Po
lebte glücklich einst und froh
teils im Wasser, teils an Land,
und zwischendurch auch mal am Strand,
'ne Ente ganz besond'rer Art
mit flauschig Federkleid ganz zart
und einem heißen Watschelgang,
mit dem sie ging auf Männerfang.

Und weil sie lebte dort am Po,
ausschließlich dort, nicht anderswo,
ward sie überall im Land
ganz einfach Poente genannt,
welche sich schreibt niemals nie
in der Mitte mit 'nem i,
weil sie sonst 'ne Pointe wär
und leider keine Ente mehr!

Das Wiedersehen

Neulich trafen sich zwei Viren
in der Gegend bei den Nieren,
die sich lange nicht gesehen,
weshalb sie blieben auch gleich stehen
zu einer kleinen Plauderei
und schließlich, so ganz nebenbei,
meinte die eine: „Warst du krank?"

„Leider ja .... doch Gott sei Dank,
bin ich schon wieder fast genesen ..."

„Ja war es denn sehr schlimm gewesen?"

„Nun ja, was soll's, so wie es schien,
hatte ich Penicillin!"

Die Zeitungsente

Wenn man in der Zeitung liest,
dass die Kuh von Bauer Jente
auf einen Schlag fünf Kälber kriegte,
sind vier davon 'ne Zeitungsente!

Beim Fotografen

Ein Huhn erscheint beim Fotografen:
„Ich hätte gern ein Bild von mir;
und zwar in Farbe, bitteschön,
für meinen Mann als Souvenir."

Der Fotograf total erschrocken:
„Aber sie sind ja ganz gerupft!"

„Ja, mein Mann wünscht sich ein Aktbild
und hat die Federn mir gezupft!"

Der kluge Hund

Erst neulich wieder habe ich
beim Gassi gehen festgestellt,
dass mein Hund, mit Sicherheit,
der klügste Hund auf dieser Welt.

Denn auf dem halben Wege blieb ich
stehen unter den Zypressen
und sagte: "Waldi, hör mal zu!
Wir haben grade was vergessen!"

Und das was Waldi danach tat,
es ist unglaublich aber wahr,
er nahm Platz und kratzte sich
und dachte nach was das wohl war!

Die besorgte Schnecke

Der Versicherungsvertreter
zu einer Weinbergschnecke spricht:
"Sie wollen sich ihr Haus versichern?
Das zeugt von großer Übersicht.

Ich empfehle aus Erfahrung
Erdbeben, Hochwasser und Feuer;
und das ganze im Paket
ist auch sehr preiswert und nicht teuer!"

Da meint die Schnecke sehr besorgt:
"Mir geht es nicht um die Moneten!
Doch sehr wichtig finde ich
ist etwas gegen das drauftreten!"

Die frustrierte Schnecke

Die Schnecke ganz frustriert zum Lover:
„Nun mach schon voran, bitte sehr!
Jetzt hockst du auf mir schon zwei Wochen ...
So langsam wirst du mir zu schwer!"

Anglerlatein

Beim Anglertreffen letztes Jahr
im Stammlokal zum „Wilden Hecht"
da prahlte Hubert Flossenpinsel
mit seinem Anglerglück nicht schlecht.

„Also, was ich euch jetzt sage",
so tönte Hubert an der Bar.
„Das was ich neulich hab' gefangen,
das ist unglaublich aber wahr!

Denn als ich diesen Riesenfisch,
den nie ein Mensch zuvor gesehen,
aus dem Meer gezogen hatte
da ward gar schreckliches geschehen.

Der Meeresspiegel, ungelogen,
sank darauf 'nen halben Meter
und das Wasser kehrte erst
wieder zurück drei Tage später!"

„Da hast du wohl 'nen Wal gefangen!"
„Nein sehr viel größer war mein Fisch!
Ein Wal der diente mir als Köder!",
so sprach der Hubert prahlerisch.

Eine Namensgebung

Die süßen, kleinen Weinbergschnecken,
wie mir neulich ward bekannt,
werden bei der Stadtverwaltung
Beamten-Windhunde genannt!

Die Holzwurmparty

Auf der Holzwurmparty neulich
da sangen alle in C-Dur,
das Lied von einem Brett im Kornfeld,
weil sie dieses kannten nur!

Die zwei Tauben

Zwei Tauben neulich außer Hause
machten eine kleine Pause
worauf es kam, ganz nebenbei,
zu einer kleinen Plauderei.

Sie fragten sich äußerst beredt,
was man so macht und wie es geht,
und schon nach ziemlich kurzer Zeit
wussten vonander sie Bescheid.

Die eine Taube nämlich war
unter Vertrag, völlig klar,
und dazu fleißig ohne Frage
bei 'ner Autowaschanlage.

Die andere jedoch voll Schwung
sorgte mit ihrem Taubendung,
mit wachsender Begeisterung
für 'ne chemische Reinigung!

Der eitle Pfau

Ein eitles Tier das ist der Pfau,
er lebt im Wald und auf der Au
und stolziert dort auf und ab ...
Und zwar ständig, nicht zu knapp!

Mit seinem Federkleid recht bunt
schlägt er Räder die kreisrund,
und die sogar ein Jägersmann
schon von weitem sehen kann.

Und so ging der eitle Pfau,
der wohl sehr schön jedoch nicht schlau,
dank einer vollen Ladung Schrot
voller Tragik in den Tod.

Und die Moral von der Geschicht',
dem toten Pfau nützt sie zwar nicht:
Eitelkeit kommt vor dem Fall
und endet schon mal mit 'nem Knall!

In der Pubertät

Zwei Hasen, beide pubertär,
machen es den Eltern schwer,
denn obwohl sie brave Kinder
glauben sie nicht an den Zylinder!

Vertan

„Vertan, vertan!", so sprach der Hahn
und stieg verärgert von der Ente,
worauf er denn zur Strafe jetzt
monatlich zahlt Alimente!

Der verliebte Schneckerich

Ein Schneckerich verliebt zur Schnecke:
„Ich liebe dich wie sonst wohl keiner!"
Darauf die Schnecke sehr geschmeichelt:
„Du bist mir ja vielleicht ein Schleimer!?"

Auf der Couch

Beim Psychiater auf der Couch
liegt ein Hund frustriert und matt,
weil die Minimode out
und er nichts mehr zum Schnuppern hat!

Die Rummelhasser

Schnecken mögen keinen Rummel,
sie lieben mehr Schaufensterbummel;
weshalb sie kriechen gern vorbei
am Treibhaus einer Gärtnerei!

Oh, wie schön!

Ein Pinguin in der Antarktis
steht in der Kälte, welche klirrt,
bei minus 50 Grad im Schatten ...
Und freut sich weil es Frühling wird!

Das Versuchskaninchen

Die Kosmetikindustrie
nahm neulich, wie ich hab gehört,
Ratten als Versuchskaninchen ...
Doch hat das keine Sau gestört!

Die Bestellung

„Ich hätte gern 'nen Eierbecher
und etwas Salz, wenn's ihnen recht!",
so das Huhn im Restaurant
und legt ein Ei dann kunstgerecht!

Der Verängstigte

Ein Kater liegt beim Psychiater
auf der Couch, verängstigt matt,
und fleht, dass man ihm helfen möge,
weil er doch Angst vor Mäusen hat!

Der Einsame

Lässt der Bauer einen fahren,
dann flieht das Vieh in hellen Scharen,
und sogar das fette Schwein
möchte dann nicht bei ihm sein!

Bei der Eheberatung

Zur Ehekrisenfachberatung
sitzt ein Mäuseehepaar,
beim ehekundigen Berater,
natürlich gegen Honorar!

Und die Mäuseehefrau
klagt demselbigen ihr Leid,
dass ihr Mann ihr niemals zuhört,
dass er für so was niemals Zeit!

Und der Berater fragt sogleich
voller Eifer, dienstbeflissen,
den Mäuserich, ob das auch stimmt ...
Worauf der fragt: „Was woll'n sie wissen?"

Der Automarder

Der Automarder Willibald
lebt leider Gottes nicht im Wald,
sondern leider, welch ein Graus,
irgendwo bei mir zu Haus.

Dort höre ich ihn unverfroren
nachts gewaltig rumrumoren;
mal hier, mal dort an jenem Ort
und komme ich, ist er stets fort!

Gesehen hab' ich es noch nie,
dieses blöde, freche Vieh,
das am liebsten, welch ein Mist,
an meinem Auto Gummi frisst.

Ob Gummischläuche oder Kabel,
er ist da äußerst variabel;
mal frisst er dies, mal frisst er das,
weshalb ihn auch verfolgt mein Hass!

Denn immer wenn er fertig ist,
der verdammte Terrorist,
springt am nächsten Morgen dann
mein Auto leider nicht mehr an.

So kam es letztlich denn dazu,
weil Willibald gab keine Ruh,
dass ich mein Auto tat verkaufen,
um nun zu Fuß herumzulaufen.

Und jetzt, unglaublich aber wahr,
doch wenn man nachdenkt völlig klar;
nein, ich will sie nicht verkohlen ...
Jetzt frisst er meine Gummisohlen!

Der Fischotter

Der Fischotter lebt gern am Bach
in der Nacht ist er meist wach,
und zwar genau wie der Vampir,
der erst ab morgens gegen vier,
wie ihr sicher alle wisst,
schläft weil er dann müde ist!

Sehr ökologisch!

Hühner sind sehr ökologisch,
immerzu denk' ich daran,
weil man diese sogar vor
und nach der Geburt essen kann!

Der Ungläubige

Der Schafbock ganz verstört schaut drein,
ihn quält gar arge Seelenpein
weil er partout nicht glauben kann,
dass er als Schafsbock-Ehemann,
der blütenweiß, stets treu und brav
der Vater sei vom schwarzen Schaf!

Einfach unglaublich!

Auch in Afrika gibt's Hühner,
so lernte ich im Unterricht.
Und diese legen schwarze Eier ...
Ich weiß, das glauben sie mir nicht!

Die schlanke Spinne

Als sich zwei Spinnen neulich trafen,
mal wieder nach sehr langer Zeit,
da war die eine von den beiden
so schlank, dass es zum Himmel schreit.

„Mein Gott, was ist denn dir passiert?
Wie hast du solches nur geschafft?
Du schaust ja aus so dürr und mager
als wirst du gleich hinweggerafft!"

„Ich weiß, ich habe ein Problem
welches mich lässt gar nicht ruhn!
Ich kann nämlich keiner Fliege
irgendwelches Leid antun!"

Die Gazelle

Die Gazelle sehr grazil
hat Beine wie ein Besenstiel,
lang und dünn, in Summe vier,
genau so wie manch and'res Tier.

Wenn ihre Beine kürzer sind,
ist sie nicht mehr so geschwind,
dann nennt man laut Zoologie
ganz einfach Antilope sie.

Doch eines das ist völlig klar,
sie haben beide, wirklich wahr,
ziemlich mittig auf dem Kopf
zwei Hörner je und keinen Zopf!

Geschichten aus dem Eheleben

Das Buch

„Was liest du denn da für ein Buch?",
so fragt die Ehefrau den Mann.
„Du bist ja so vertieft darin,
dass man sich da nur wundern kann!"

Da schaut der Mann versonnen auf
und sagt: „Ich lese grad' Ben Hur!"
Darauf die Frau: „Dacht' ich's mir doch;
Pornographie-Literatur!"

Der volle Ernst

Eine Frau im Neglige hörte dass es polterte
und zwar draußen vor dem Haus,
da sagte sie zu ihrem Klaus:

„Hör zu, das ist mein voller Ernst!
Wird Zeit nun, dass du dich entfernst!"

Die Marterzeit

Die Ehe mit so mancher Maid
wird später oft zur Marterzeit!
Und das alles deshalb nur,
weil nicht erfolgreich die Dressur
und aus dem Leim ging die Figur.

Der Beweis

Ein Mann kam einmal in der Pause
völlig ungeplant nach Hause,
wo seine Frau ihn, ungelogen,
mit einem Schwarzen grad' betrogen.

Und was er sah war unerhört
weshalb er ausrief, ganz empört:
„Jetzt hab' ich endlich den Beweis,
ganz eindeutig, schwarz auf weiß!"

Das Plagiat

Eine Frau liest ein Gedicht,
worauf sie ihren Mann anspricht
und diesem ganz empört berichtet,
dass das, was er ihr mal gedichtet
und zwar vor ziemlich langer Zeit
in inniger Verbundenheit,
nun ein gewisser Wolfgang Goethe,
diese widerliche Kröte,
Wort für Zeile, Blatt für Blatt,
einfach abgeschrieben hat!

Der Trinker

Eine Frau zum Manne spricht:
„Ich verstehe einfach nicht,
dass du dir ständig Schnaps musst kaufen,
um dich dann damit zu besaufen!"

Da lallt der Mann mit schwerer Zunge:
„Hältst du die Klappe, Junge, Junge!
Hab' ich nicht schon genug Verdruss
weil ich dich doppelt sehen muss?"

Der letzte Wunsch

Sie zu ihm kurz vor dem Ende,
liegend auf dem Sterbebett:
„Wirst du auch mein Grab stets pflegen?
Versprich es mir, komm sei so nett!"

Und er, von Mitleid überwältigt,
schwört im Namen seines Herrn:
„Ich weiß nicht was ich lieber täte!
Ich werd' es pflegen, liebend gern!"

Die Frigide

Ein Mann bedankt sich überschwänglich
beim Psychiater seiner Frau,
weil diese nun nicht mehr frigide
und dieses wüsste er genau!

Denn in den letzten 14 Tagen
bestätigten ihm diese Kunde,
drei Nachbarn und der Schornsteinfeger
und die gesamte Stammtischrunde!

Die Prostituierte

Mitten in der Hochzeitsnacht
kommt ihr ganz plötzlich in den Sinn:
„Ich denke, dass du wissen solltest,
dass ich Prostituierte bin!"

Da meint ihr Mann: „Das macht doch nichts!
Ich komme schon damit zurecht.
Dann gehst du halt in deine Kirche
und ich in meine, wenn's dir recht."

Die Bildbetrachtung

Ein Ehepaar betrachtet Bilder,
die sie vor langer Zeit gemacht,
und sie erinnern sich der Zeiten,
welche gemeinsam sie verbracht.

Da sagt die Frau zu ihrem Mann:
„Ich find' es irgendwie sehr dämlich,
dass alle Bilder hier von mir
in keiner Weise mir sind ähnlich!"

Darauf der Mann zu seiner Frau,
nach einem Blick zu ihr hinüber:
„Ich finde du hast völlig Recht,
doch sei doch bitte froh darüber!"

Die 3 Wünsche

Mitten in der Hochzeitsnacht,
vor Liebe ist er fast besoffen,
sagt er zu ihr: „Weißt du es schon?
Du hast 3 Wünsche bei mir offen!"

Sie ist darüber sehr erfreut
und kaum, dass sie dies hat vernommen,
wünscht sie an 3 Stellen sich
Küsse von ihm zu bekommen.

„Was sollen das für Stellen sein?",
fragt er: „Wo ich dich küssen soll?"
Und denkt im Stillen: „Das wird billig!
meine Frau ist wirklich toll!"

„Nun ja, ich stelle mir so vor,
zuerst küsst du mich auf Hawaii,
und dann auf Bali und Tahiti ..."

Da war sein Rausch ganz schnell vorbei!

Im Supermarkt

Ein junges Ehepaar mit Kind
kauft ein, im Supermarkt geschwind
noch eine Packung frische Eier,
die man braucht für eine Feier.

Und als die Eier dann bezahlt
die Ehefrau den Mann anstrahlt,
und von ihm die Eier nimmt,
doch dafür gibt sie ihm das Kind,
und sagt zu ihm, sichtlich gestresst:
„Weil du ja alles fallen lässt!"

Die glückliche Ehe

Ehen sind meist dann sehr glücklich,
wenn die Frau ein wenig blind,
und die Ohren ihres Mannes
ergänzend etwas taub noch sind!

Der Arbeitslose

Der arbeitslose Hubert Schulte
kam ganz aufgeregt nach Haus:
„Ich habe eine neue Stellung!",
worauf sich seine Frau zog aus.

Dann meinte sie zu Hubert noch:
„'ne neue Stellung ist nicht schlecht!
Doch wenn du endlich Arbeit hättest
dann wäre mir das auch sehr recht!"

Der Faule

Ein Mann sitzt faul im Schaukelstuhl
an nichts denkend, ganz versonnen,
aber leider nur so lange
bis seine Ehefrau gekommen.

Die fragt sogleich: „Was machst du da?",
und er erwidert: „Nichts!" zu ihr,
worauf er denn als Antwort hört:
„Das gereicht dir nicht zur Zier!

Nichts hast du gestern schon gemacht!
Erinnerst du dich denn nicht mehr?"

„Doch, doch, ich wurde nur nicht fertig!",
so setzt er sich darauf zur Wehr.

Die Kurzschlusshandlung

Ein Mann kam einmal in der Pause
völlig ungeplant nach Hause
und entdeckte, gar nicht nett,
dort seine Frau mit Freund im Bett.

Und weil ihn dieses kränkte sehr
holte er sich sein Gewehr
und schoss, in seiner Herzensnot,
auf seinen Freund, bis dieser tot!

Da regte seine Frau sich auf
und sprach im weiteren Verlauf:
„Wenn du machst weiter wie bisher
hast du bald keine Freunde mehr!"

Auf der Silberhochzeitsfeier

Auf der Silberhochzeitsfeier
fällt ihr auf einmal plötzlich ein
zu sagen, dass er froh sein kann,
mit ihr verheiratet zu sein.

„Weshalb denn das?", fragt er sogleich,
„Nun ja, erinnerst du dich nicht,
wie ich stets zu dir gehalten",
sie darauf erklärend spricht.

„Zum Beispiel als du Pleite gingst
mit deinem Fensterputzbetrieb,
und ich trotz diesem Fiasko
aus Liebe letztlich bei dir blieb.

Oder als du dann versagtest
als Makler für Versicherungen,
wo dir noch nicht mal diese Sache
letztlich richtig gut gelungen!"

Und weiter dann, in Fahrt gekommen:
„Da fällt mir ein auch die Geschichte
mit der Bürgschaft, die nicht klappte ...
Betrogen von der eignen Nichte!

Ach, und all die andern Dinge,
nie hat etwas funktioniert,
alles ging stets in die Hose
und zwar immer, garantiert!"

So lamentiert die Ehefrau:
„Stets war ich da und hielt zu dir!
Nun sag doch endlich auch mal was.
Bedank dich wenigstens bei mir!"

Und da ergreift auch er das Wort,
die Worte wählend mit Bedacht:
„Wenn ich es recht mir überlege,
du hast mir immer Pech gebracht!"

Der Tyrann

Eine Frau zu ihrem Mann:
„Du bist ein richtiger Tyrann!
12 Stunden arbeite ich täglich,
das alles ist mir unerträglich!"

Da sagte er zu ihr empört:
„Ich weiß nicht was dich daran stört?
Nun mach schon, und zwar hoplahop!
Du wolltest doch 'nen Halbtagsjob!"

Nach der Hochzeitsnacht

Die Hochzeitsnacht sie ist vorüber
und man sitzt am Frühstückstisch,
die Nacht war wohl sehr strapaziös,
denn beide wirken nicht ganz frisch.

Da fragt er sie: „Was schreibst du da?"
„Ach, nur für Mutter ein paar Zeilen,
dass sie sich mit der Babywäsche
beim Häkeln nicht braucht zu beeilen!"

„Und übrigens", so spricht sie weiter,
und räkelt sich im Neglige:
„schreibt man Enttäuschung nur mit einem
oder doch mit Doppel-t?"

Am Wünschelbrunnen

An einem tiefen Wünschelbrunnen
steht eines Tags ein Ehepaar,
er wirft zwanzig Cent hinein
und wünscht sich was dabei, ganz klar!

Danach will sie 'nen Euro werfen,
verliert dabei das Gleichgewicht,
und stürzt kopfüber in den Brunnen,
wobei sie ihren Hals sich bricht.

Da schaut er drein ganz überrascht
und denkt im stillen irritiert:
„Mein Gott, ich hätte nie gedacht,
dass das so gut hier funktioniert!"

Und was lernen wir daraus
aus dieser traurigen Geschicht':
Man muss sich stets zuerst was wünschen,
weil man sich den Hals sonst bricht!

Der Hochzeitstag

„Unser Hochzeitstag ist morgen",
die Bäuerin zum Bauer spricht.
„Soll ich zur Feier dieses Tages
ein Hähnchen schlachten, oder nicht?"

Darauf der Bauer ärgerlich
beim hinaus geh'n aus der Tür:
„Nein, du wirst kein Hähnchen schlachten!
Was kann das arme Tier dafür?"

Grüße von der Kegeltour

Ein Mann der an die Nordsee fuhr
mit Freunden zu 'ner Kegeltour,
schrieb seiner lieben Frau zu Haus:

„Das Wetter schaut hier grausig aus!
Es heult der Wind, es tobt das Meer!
Ich denk an dich, du fehlst mir sehr!"

Der Betrunkene

Ein Mann kam neulich stark betrunken
nach Haus, und hat nach Schnaps gestunken,
weshalb gestoben dort die Funken,
weil seine Frau fing an zu unken,
indem sie ausrief ganz empört:

„Nein, das ist ja unerhört!
Du bist ja wieder völlig blau!
Vor dir da graust sich ja 'ne Sau!"

Worauf der Mann denn lallend spricht:
„Anschauen brauchst du mich ja nicht!"

Geschichten
von der etwas einfältigen Susi

*Humorvolle und teils frivole Gedichte zur etwas einfältigen
und dennoch stets liebenswerten Susi*

Das rote Kleid

Der Freund von Susi ganz entzückt:
„Dein rotes Kleid macht mich verrückt!
Und macht mich noch zum wilden Stier,
der nach dir dürstet, voller Gier!"

Darauf die Susi ganz erschrocken:
„Mensch, das haut mich von den Socken!
Am besten geh'n wir jetzt nach Haus
und dann zieh ich es gleich aus!"

Der Korb

Balduin schaut traurig drein
und leidet unter Seelenpein,
weil die Susi ihn nicht mag
und deshalb einen Korb ihm gab.

Und jetzt säuft er schon drei Wochen,
pausenlos ununterbrochen,
doch lässt dieser Sachverhalt
die hübsche Susi einfach kalt.

Und als die Susi rumerzählt
wie sich der Balduin so quält,
meint ihre Freundin, diese Schlange:
„Mensch, der feiert aber lange!"

Der neue Freund

Susi hat 'nen neuen Freund
der der Mama nicht tut passen,
und so sagt sie denn zu Susi:
„Den musst du aber bitte lassen!"

Da sagt die Susi zur Mama:
„Das würde ich ja gerne machen,
doch der Feigling traut sich nicht ...
Ich sage dir das ist zum Lachen!"

Der Zärtliche

Gabi schwärmt der Susi vor
von ihrem Freund im Kirchenchor,
der von Beruf ein Humanist
und der zu ihr so zärtlich ist,
wie sie's erlebt zuvor noch nie,
weil er sie streichelt nur am Knie.

Da meint die Susi zu ihr platt,
dass ihr Freund viel mehr Ehrgeiz hat,
weil sie bei diesem stets erlebt,
dass er nach sehr viel höh'rem strebt!

Der Postbote

„Susi!", ruft die Frau Mama,
„ist der Postbote schon da?
Ich meine ist er schon gekommen?"
Da ruft die Susi ganz benommen:

„Nein, nein er steckt noch im Verkehr,
doch atmen tut er schon ganz schwer!"

Die neue Jeans

Susi hat 'ne neue Jeans,
die großes Aufsehen erregt,
weil sie so eng geschnitten ist,
dass man dauernd, unentwegt,
ihren Wunsch nach einem Mann
von ihren Lippen lesen kann!

Die erste Liebe

Susi stöhnt: „Die erste Liebe!
Ach, ist das nicht wunderbar!"
Dann räkelt sie sich aufreizend
und wirft zurück ihr blondes Haar.

Da meint der Kavalier zu ihr:
„Ich finde du hast völlig Recht.
Doch das muss ich dir schon lassen;
du warst grade auch nicht schlecht!"

Das Schiebedach

Ein Auto ohne Schiebedach
ist für Susi großer Mist,
weil sie dann, im Fall der Fälle,
ihre Beinfreiheit vermisst!

Die Anhalterin

Gabi fragt sehr neugierig:
„Bist du per Anhalter gekommen?"
"Warum?", fragt Susi gleich zurück.
„Nun ja, du schaust aus mitgenommen!"

Platonische Liebe

Susi sprach einst mit der Gabi:
„Ich finde es zwar übertrieben,
doch mein Freund legt Wert darauf,
dass wir uns nur platonisch lieben!"

„Was ist denn das?", so fragt die Gabi,
„das hab ich ja noch nie gehört.
Bestimmt 'ne neue Sauerei!
Du warst bestimmt gar sehr empört?"

„Nein, ich weiß auch nicht was das ist,
doch kann mich nichts mehr überraschen,
denn ab sofort hab' ich beschlossen
mich täglich überall zu waschen!"

Der Küsser

Ein Verehrer zu der Susi,
wild vor Gier und vor Verlangen:
„Ich werde dich jetzt ganz heiß küssen,
dort wo du es noch nie empfangen!"

Da zieht die Susi ein die Füße
und fängt vor Schreck gar an zu johlen:
„Huch, bitte nicht! Ich bin so kitzlig.
Vor allen Dingen an den Sohlen!"

Dumm gelaufen

Susi kommt total geschafft
aus dem Spanien Urlaub wieder.
Jetzt braucht sie erst mal größte Ruhe,
denn ihr schmerzen alle Glieder.

Und schuld daran ist nur der Witzbold,
der ihr erklärt hat, vor der Reise,
dass auf Spanisch nein heißt si
und sie das glaubte, dummer weise!

Die Gegenfrage

Gabi zur Susi ganz empört:
„Weißt du was mich an dir stört?
Dass stets wenn ich dich etwas frage,
du ständig stellst 'ne Gegenfrage!"

Darauf die Susi lapidar:
„Ehrlich? Ist das wirklich wahr?"

Beim Stelldichein

„Oh, deine Worte, lieber Willi,
die gehen mir durch Mark und Bein!",
so stöhnte Susi neulich mal
bei ihrem letzten Stelldichein.

Da meinte Willi voller Stolz
bei Susi stehend an der Pforte:
„Das ist noch gar nichts, meine Liebe,
das sind doch erst mal nur die Worte!"

Die Englischprüfung

Susi fragte einst die Gabi
„Du kannst doch Englisch oder nicht?",
Sag mal, was heißt: I don't know?"
und Gabi sagte: „Weiß ich nicht!"

Da hatte Susi Oberwasser
und sprach zur Gabi ziemlich dreist:
„Und du behauptest du kannst Englisch,
wenn du selbst das noch nicht mal weißt!"

Bei der Vorstellung

„Wegen einer neuen Stellung
bin ich eigentlich gekommen!"
So sagt die Susi sehr verlegen
und ein wenig noch benommen.

Und knöpft dabei die Bluse zu,
und zupft den Minirock zurecht ...
Da meint der Personalchef freundlich:
„Die war doch grade auch nicht schlecht!"

Der größte Lover

Schon wochenlang dachte die Susi,
dass Paul, der sie so glücklich machte,
der größte Lover sei auf Erden,
weil er es ständig bei ihr brachte.

Bis Susi dann durch Zufall merkte,
dass Paul, dieser Nimmersatte,
der sie so sehr glücklich machte
noch einen Zwillingsbruder hatte.

Die Nietenhose

Der Lover zieht die Jeans sich an,
nachdem mit Susi er gepennt,
und Susi ist nun klar warum
man Jeans auch Nietenhosen nennt!

Das Telefonat

Das Liebesspiel neigt sich dem Ende,
da klingelt schrill das Telefon,
die Susi angelt sich den Hörer
und ändert ihre Position.

Sie lauscht 'ne Weile und sagt dann,
sehr höflich doch kurz angebunden:
„Versuchen sie es gleich noch mal!
Zurzeit sind sie hier falsch verbunden!"

Geschichten, die das Leben schrieb

Das Bikinioberteil

In Siam einst, am Badestrand,
trieb eines Tages mal an Land
ein Bikinioberteil
zwar ohne Inhalt aber heil!

Und als ein Eingeborener
am Strand des Weges kam daher
da hat er dieses Teil gefunden
und um die Hüften sich's gebunden.

Und dann, ins Dorf zurückgekommen
hat man das Teil ihm abgenommen,
und jeder überlegte nun
was man damit wohl kann tun.

Man überlegte hin und her,
das Teil war leicht, der Fall war schwer,
und schließlich hatte, ohne Witz,
der Häuptling einen Geistesblitz!

Und seitdem trägt ein Zwillingspaar,
welches auch aus Siam war,
dieses Teil auf ihren Köpfen
als Badekappe mit zwei Zöpfen!

Die Stirnlocke

Nachdem das Haar geschnitten war,
und zwar erst hinten rum, ganz klar,
ging's nur noch um die Locke vorn,
die toll geschwungen wie ein Horn
und welche sichtlich offenbar
der ganze Stolz des Kunden war.

Und als des Meisters Worte schallten:
„Wollen die Locke sie behalten?",
meinte der Kunde sehr beschwingt
zum großen Meister: „Unbedingt!"
Worauf der sagte: „Oh, wie fein!" ...
Schnipp – schnapp, „ich pack sie ihnen ein!"

Die Attraktion

Im fernen China, Land der Mitte,
auf einem Jahrmarkt einst vor Jahren,
vor einer Jahrmarktsbude standen
Chinesen in gar großen Scharen.

Denn auf dem Vorbau dieser Bude
verkündete ein Jahrmarktschreier,
den Menschen eine Attraktion,
den Höhepunkt der Jahrmarktsfeier!

Und nachdem die Bude voll
und man kassiert das Eintrittsgeld,
ging vorne auf der Bühnenvorhang
zur größten Attraktion der Welt.

Und bejubelt von den Massen
trat auf die Bühne nun ein Herr,
verbeugte sich nach allen Seiten
und sprach sodann ein rollend rrrrrrrr!

Am frischen Grab

Nachdem der Leichenschmaus vorüber
geht die ganze Trauerschar
noch mal an das frische Grab,
das grade zugeschaufelt war.

Der Mann der Frau die jetzt dort liegt
rauft sich am Grab sein schütter Haar:
„Warum nur hast du mich verlassen?",
ruft er verzweifelt immerdar.

„Ach, komm zurück zu mir mein Schatz!
Oh Herr, erhöre doch mein Flehen..."
Da plötzlich kann am Fuß des Grabes
man etwas Wunderbares sehen.

Denn wie durch Geisterhand bewegt
türmt sich die Erde dort zuhauf
und der Witwer, voller Schreck,
tritt schnell mit seinen Schuhen drauf.

„Man wird doch noch mal scherzen dürfen?",
so murmelt er in seinen Bart,
und tritt dem Maulwurf, unten drunter,
auf die Schnauze ziemlich hart.

Suleika

Seitdem Suleika im Bordell
ein schwarzes Lederkopftuch trägt,
und dazu ihre Kunden noch
mit einer Lederpeitsche schlägt,
kennt man Suleika, fern und nah,
nur noch als Türken-Domina!

Die Verlobten

„Schon 30 Jahre ist es her",
sagte sie und seufzte schwer,
„dass wir uns taten einst verloben,
um den Ehestand zu proben.
Ich gebe ernsthaft zu bedenken,
wir sollten jetzt an Heirat denken!"

Da sagte er: „Du hast ja recht!
Heiraten wär' gar nicht schlecht.
Gut passen würd' mir der April ...
Doch frag' ich mich, wer uns noch will?"

Im Koma

Der Ehemann von Nachbars Oma
lag ziemlich lange schon im Koma,
bis er plötzlich wachte auf
und wieder ziemlich gut war drauf.

Da hat die Oma, ungelogen,
die schwarzen Sachen ausgezogen
und sprach zu Opa, der noch blass:
„Auf dich ist wieder kein Verlass!"

Im Opernhaus

Zwei Freundinnen im Opernhaus
spenden tosenden Applaus
für die gehörte Sinfonie,
die auf sie wirkte wie Magie.

Da meint die eine ganz verzückt:
„Der Geiger macht mich ganz verrückt!
So wie der seine Geige streicht ...
Sagenhaft und unerreicht!"

Da meint die andere voll List:
„Ich denke, dass der Pianist
sorgt für noch mehr Fröhlichkeit
mit seiner Fingerfertigkeit!"

Die Entdeckung

Ein Fakir, der sein Leben lang
stets voller Tat- und Schaffensdrang
auf einem Nagelbrette schlief,
drehte einmal impulsiv
die Nagelbrettmatratze um
einfach so zum Gaudium.

Und im weiteren Verlauf
legte er sich auch mal drauf
und stellte fest mit großem Schreck,
dass seine Schmerzen waren weg,
welche ihn schon jahrelang
behinderten im Schaffensdrang.

Er holte seine Ehefrau
und dann studierten sie genau
dieses seltsame Objekt,
das durch Zufall er entdeckt ...
Und ab sofort genossen er
und seine Frau die Sache sehr!

Die dicken Waden

Die Bauerntochter Resi Huber
hat leider ziemlich dicke Waden,
was die Resi, die sonst reizend,
ziemlich stört, wenn sie geht baden.

Und auch ihr Kleid, das etwas kürzer,
trägt sie deshalb gar nicht gern,
weil ihre dicken Waden dann
gesehen werden von den Herrn.

Und deshalb ist die Resi traurig
und weint sich bei der Mutter aus,
worauf dieselbe zu ihr meint:
„Ach Kind, mach dir doch da nichts draus!

Die Männer nämlich, musst du wissen,
da kommst du sicher bald schon drauf,
die halten sich bei deinen Waden
mit Sicherheit nicht lange auf!"

Der Rülpser

Der Hausherr ganz empört zum Gast,
als dieser rülpste nach dem Essen:
„Wie können sie? Vor meiner Frau!
Wie kann man sich nur so vergessen?!"

Darauf der Gast total verlegen:
„Es war mir leider nicht ganz klar,
dass ihre Frau mit einem Rülpser
vor mir an der Reihe war!"

In Seenot

Nachdem das Kreuzfahrtschiff gesunken
so eines Tages gegen vier,
da sah man nur noch einen Mann,
der sich gerettet aufs Klavier.

Dort hielt er sich ganz krampfhaft fest
und freute sich der Rettung sehr,
da sah er einen andern Mann,
der geschwommen kam daher.

Und dieser Mann, total erschöpft,
fragte im vorübergleiten,
wahrscheinlich war er Pianist,
ganz freundlich: „Darf ich sie begleiten?"

Die Wundertherapie

Der Arzt zum Schürzenjäger spricht,
der ihn aufsuchte wegen Gicht,
beziehungsweise Gliederreißen:
„Sie müssen sich zusammenreißen
und ergänzend rate ich
mal auszuspannen, ordentlich!"

Dem Schürzenjäger daraufhin
kam nichts andres in den Sinn,
kaum nachdem er ging von dannen,
dem Arzt die Frau gleich auszuspannen,
und weil die Frau ein steiler Zahn
hat ihm gleich nichts mehr wehgetan!

Der Hotelpage

Der Chef zu seinem Hotelpagen:
„Wohin so eilig? Was ist los?"

„Mal eben schnell ins Freudenhaus!",
worauf sein Chef war fassungslos.

„Aber doch nicht bei der Arbeit!
Kerl, Mensch, willst du mich verkohlen?"

„Nun gut, dann soll der neue Gast
sich seinen Schirm dort selbst abholen!"

Der Aufgebrachte

Der Bauernsohn ganz aufgebracht
zum Vater nach der Hochzeitsnacht:
„Ich lasse mich gleich wieder scheiden.
Mit mir wird so was nicht gemacht!"

„Mein lieber Sohn, was ist denn los?
Warum bist du so aufgebracht?"

„Ja, stell dir vor! Sie war noch Jungfrau!
Das hätt' ich nie von ihr gedacht!"

„Mein Sohn, da hast du völlig Recht,
auf so was sind wir nicht erpicht!
Das was andere nicht wollen,
das wollen wir schon lange nicht!"

Im Séparée

Ein Gast in einem Nachtlokal
wird ganz ungeniert gefragt
von einer hübschen jungen Maid,
ob's ihm auf Spanisch auch behagt.

Und weil er diese Variante
nicht kennt und neugierig dazu,
lässt er sich gleich überreden
zu einem spanisch' Rendezvous.

So ziehen beide sich zurück
in ein hübsches Séparée,
er kann es kaum mehr erwarten,
sie hat ein großes Dekolette.

Und nun wird er bedient wie üblich,
nichts kommt ihm dabei spanisch vor,
und weil es außerdem sehr teuer
fühlt er gehau'n sich übers Ohr.

Und so beschwert er sich am Ende
bei dieser Maid im Séparée:
„Was war an dieser Sache spanisch?"

„Oh, ich vergaß! Ole! Ole!"

Der Gallenschmerz

„Herr Doktor, schauen sie mal her
meine Galle schmerzt gar sehr!"

Worauf der Doktor meint: „Frau Ritter,
das ist aber äußerst bitter!"

Die Ehrenrettung

Der Butler James zum alten Lord
gegen Mittag, beim Rapport,
pflichtbewusst und ungehemmt:
„Mylady geht gerade fremd!"

Da lässt der alte Lord sich bringen
den Jagdanzug, um zu vollbringen
unter Einsatz eines Degen
die Ehrenrettung, ganz verwegen.

So stürmt er denn das Schlafgemach,
um auszulöschen all die Schmach,
die ihm Mylady eingebrockt
beziehungsweise hat verbockt.

Er schwingt den Degen mit Bravour
einzigartig, einmal nur,
worauf ertönt ein lauter Schrei …
Die Ehrenrettung ist vorbei!

Er wischt den Degen ab danach,
verlässt Myladys Schlafgemach,
ruft den Butler James herbei
und befiehlt ihm zweierlei:

„James, ich hätte bitte gern
ein großes Pflaster für den Herrn,
und für Mylady, bitte sehr,
bring einen Korkenzieher her!"

Die Bühnenhose

Ein Popsänger aus der Türkei
ging einst in eine Schneiderei,
weil er für seine Bühnenschau
brauchte, möglichst passgenau,
wider alle guten Sitten
eine Hose eng geschnitten.

Der Schneider, der den Wunsch vernommen,
hat denn auch gleich Maß genommen,
und zwar sehr detailliert genau,
weil ja für die Bühnenschau
dem Sangeskünstler äußerst wichtig,
dass seine Hose sitzt auch richtig!

Und als die Hose dann genäht
in allerbester Qualität,
war diese eine Kleinigkeit
dem Sänger vorne noch zu weit,
weshalb der sich auch nicht genierte
und diesbezüglich reklamierte.

Da meinte denn zu ihm der Schneider:
„Mein Sohn, ich muss dir sagen, leider,
was meiner Meinung nach sehr wichtig,
die Hose sitzt dir genau richtig;
denn wenn sie vorn noch enger ist
sieht jeder, dass du Moslem bist!"

Welch ein Glück!

Vor Jahren einst in der Türkei,
die Urlaubszeit war fast vorbei,
da wollte mich, sie sollten's wissen,
am Frühstückstisch die Muse küssen.

Doch in diesem fernen Land
habe ich sie nicht erkannt,
weil sie, was soll man dazu sagen,
ein buntes Kopftuch hat getragen!

Und so kommt's, dass meiner Dichtung
fehlt die nötige Gewichtung,
wie man sie kennt von Friedrich Schiller,
der wie man weiß lebt leider nimmer,
doch ich zum Glück dafür noch immer!

Und deshalb bin ich dennoch froh
und meine Gattin ebenso!

Der anspruchsvolle Kunde

Ein äußerst anspruchsvoller Kunde
wünscht sich 'ne Jungfrau im Bordell.
Und weil er's auch noch eilig hat
wünscht er sich diese möglichst schnell.

Da meint die Chefin: „Kein Problem!
Die Barbara wird ihnen munden!
Doch fünf Minuten wird's noch dauern ...
Sie hat grad noch 'nen andern Kunden!"

Der Frauenhasser

Der Frauenhasser Friedrich Nolte
das weibliche Geschlecht nie wollte,
doch neulich abends, ei der Daus,
da ging er mal mit einer aus.

Und als man fragte, was das sollte,
da antwortete Friedrich Nolte:
„Man muss halt ab und zu im Leben
dem Hass auch neue Nahrung geben!"

Im Kloster

Im Kloster, mitten in der Nacht,
die Oberin grad aufgewacht,
erwischt 'nen ganz erschöpften Mann,
der scheinbar nur noch schlurfen kann.

Streng fragt sie ihn: „Was tun sie hier?
Nachts im Kloster um halb vier?"
Worauf der Mann denn stöhnend spricht
zitterig im Kerzenlicht
und wie man sieht total geschunden:

„Die Nonnen haben mich gefunden,
als ich nach Essen hab' gesucht ...
Mein Gott, hab' ich das schon verflucht!"

Darauf die Ob'rin aufgebracht:
„Und das alles heute Nacht?"

Worauf der Mann stöhnt, ganz gebrochen:
„Nein, nein! Das war schon vor vier Wochen!"

Das schlechte Betriebsklima

Seit kurzem ist das Betriebsklima
in der Dynamitfabrik
nicht mehr ganz so ausgeglichen,
sondern belastet von Kritik.

Und das liegt ganz allein daran,
wie man neulich konnte lesen,
dass nach der letzten Explosion
für die, die in der Luft gewesen,
die Zeit dort oben, ungelogen,
vom Lohne wurde abgezogen!

Die Sparsamkeitspredigt

Letzten Sonntag in der Kirche
da predigte der Herr Pastor
über die Sparsamkeit als Tugend
und alle waren sie ganz Ohr.

Und diese Predigt zeigte Wirkung,
wie noch nie erlebt bisher,
denn als es zur Kollekte kam
da blieb der Klingelbeutel leer!

Der ewig Muntere

„Ich hab' gehört, es ist unglaublich,
sie werden niemals müde, nein?"
Der so gefragte: „Das ist richtig!
Ich schlafe immer vorher ein!"

Auf dem Kontakthof

„He, Papa, was machst du denn hier?",
so ruft ganz überrascht ein Sohn
auf dem Freudenhaus-Kontakthof,
so gänzlich ohne Diskretion.

Und der Vater, ganz verlegen,
vor Schamesröte am verglühen:
„Ach weißt du, wegen 50 Euro
wollt ich die Mama nicht bemühen!"

Nach der Zauberschau

Die Zauberschau, sie ist vorüber,
der Künstler steht noch an der Tür,
und verteilt Visitenkarten
ganz kostenlos, ohne Gebühr!

Da fragt ein Herr sehr int'ressiert:
„Bitte, sagen sie doch mal,
wie haben sie das nur gemacht?
All ihre Tricks, phänomenal!"

„Das darf ich leider nicht verraten
und wenn ich's täte, müsste ich,
sie im Anschluss gleich ermorden ...
Das wär' doch sicher ärgerlich!"

Da überlegt der Herr ganz kurz
und sagt sodann: „Ich denke mir,
ich hole ganz schnell meine Frau
und dann verraten sie es ihr!"

Im Nachtclub

In einem Nachtclub auf dem Lande
zu ziemlich früher Morgenstund',
da eilt der Chef auf die Toilette
und gibt der Klofrau wie folgt kund:

„He Rosi, mach dich langsam fertig!
Die Bauern machen nichts als Kummer.
Sorg endlich dafür, dass sie gehen,
und bringe deine Striptease-Nummer!"

Ein bayrischer Brauch

Als neulich mal der Sepp aus Bayern
bei seinem Freund in Schottland war,
ward er zum Essen eingeladen,
unglaublich, aber wirklich wahr!

Und als man denn am Tische saß,
ward sogleich Rettich aufgetragen,
worüber Sepp gar staunte sehr
und sich nicht nehmen ließ zu fragen:

„Bei uns in Bayern gibt es Rettich
zum Mahlzeitende, so der Brauch ..."

Worauf sein Freund aus Schottland meinte:
„Aber Sepp, bei uns doch auch!"

Der Straßenmusikant

Der Polizist zum Musikanten,
der auf der Straße fidelt fein:
„Haben sie eine Spielerlaubnis?",
worauf der meint ganz kleinlaut: „Nein!"

„Gut, dann begleiten sie mich mal!
Das muss ich mir nun ausbedingen!"

Darauf der Musiker erleichtert:
„Sehr gern, was wollen sie denn singen?"

Visite beim Sultan

Der Arzt zum Sultan voller Sorgen
bei der Visite einst am Morgen:

„So wie es ausschaut, oh mein Herr,
macht die Gesundheit nicht viel her,
und ihre stolze Manneskraft
scheint mir ein wenig abgeschlafft.

Deshalb, so leid es mir auch tut,
wird nun zunächst mal ausgeruht
und von den 20 Haremsdamen,
die sie sich bislang täglich nahmen,
sind ab sofort und überhaupt
zunächst nur 10 pro Tag erlaubt!"

Die Brautvaterrede

Der Brautvater zu seinem Eidam:
„Franz, ich bin dir sehr gewogen!
Und merke dir, mit Gisela
hast du das große Los gezogen!

Sie ist noch niemals krank gewesen,
kann schaffen und sehr viel vertragen,
außer Schnaps und Widerworte ...
Das wollte ich dir nur kurz sagen!"

Der Staubsaugervertreter

„Nun bleiben sie mal auf dem Teppich!",
so die Hausfrau Erna Bolte,
zum Vorwerk-Staubsaugervertreter,
der sie aufs Sofa legen wollte.

Geschichten aus Willis Kneipe

Es stinkt

In Willis Kneipe an der Ecke
sitzt Paul mal wieder an der Bar,
da sagt er plötzlich, Nase rümpfend:
„Pfui, hier stinkt es sonderbar!"

Darauf der Willi schnuppernd spricht:
„Das ist der Hubert Mieseloch ..."
„Aber der ist doch gar nicht hier!"
„Du wirst schon seh'n, der kommt gleich noch!"

Der Scheidungswillige

In Willis Kneipe an der Ecke
da stöhnt der Paul mal wieder sehr,
weshalb der Willi höflich fragt:
„Na, was sitzt denn heute quer?"

Und kaum dass Willi das gefragt,
da stürzt es aus dem Paul schon raus:
„Ich würde mich gern' scheiden lassen.
Ach, meine Ehe ist ein Graus!"

„Ja wenn dir so viel daran liegt,
dann mach das doch und sei so schlau!"

„Das geht nicht, denn stets wenn ich frage,
dann verhaut mich meine Frau!"

Der Leidende

In Willis Kneipe an der Ecke
kam neulich Paul mal humpelnd rein
mit einem dicken Mullverband
gewickelt um ein Wadenbein.

Der Willi gleich: „Was ist passiert?
Bist du gestürzt, was ist geschehen?
So leidend habe ich bislang
dich ja noch niemals je gesehen!"

„Nein, nein, es war kein Sturz, gottlob,
dass war ein Hundebiss ganz klar!
Mein Waldi hat mich nicht erkannt,
weil ich doch gestern nüchtern war!"

Wer ist der Mutigste?

In Willis Kneipe an der Ecke
geht es wieder mal darum,
wer zu Haus' der Mutigste
und wer dort zeigt den größten Mumm.

Da meint der Paul, den jeder kennt
und der bei allen angesehen:
„Ich denk' ich bin der Mutigste ...
Wollt ihr mal meine Narben sehen?"

So ein Glück!

In Willis Kneipe an der Ecke
da meinte Willi mal zu Paul,
der dort an der Theke stand
nach Feierabend, ziemlich faul.

„Was macht denn deine Frau, die Erna?
Hast du sie etwa schon begraben?
Ich hab' sie ewig nicht gesehen!"

Drauf Paul: „Das Glück das möcht' ich haben!"

Nach der Urlaubsreise

In Willis Kneipe an der Ecke
steht sofort nach der Urlaubsreise
der Paul wie immer an der Theke,
in alt bekannter Art und Weise.

Und weil man weiß, dass Paul in Frankreich
gewesen, fragt man gleich geschwind,
wie in diesem fernen Lande
denn die Verhältnisse so sind.

Da meinte Paul: „Wenn ich das wüsste?
Ein Verhältnis? Das wär' fein!
Mensch, meine Frau war mit mir mit!
Glaubt ihr, die lässt mich mal allein!?"

Der Prahlhans

In Willis Kneipe an der Ecke
da prahlt der Paul, dass seine Frau
sich stets gut anzieht, darauf Willi:
„Ja, und so schnell! Das ist die Schau!"

Der unzufriedene Gast

In Willis Kneipe an der Ecke
bestellt der Paul, schon völlig blau,
sich noch ein Bier mit einem Korn
und macht dazu noch viel Radau.

Da zapft ihm Willi noch ein Bier
und reicht ihm dieses ohne Korn,
und meint dazu: „Jetzt ist genug!",
worauf der Paul lallt voller Zorn:

„He, was ist mit meinem Korn?
Was soll ich nur mit einem Bier?
Soll ich das trocken runterwürgen?
Was ist das für 'ne Kneipe hier!"

Ausgerechnet am Freitag

In Willis Kneipe an der Ecke
da geht es um den Aberglauben,
ein sicherlich sehr ernstes Thema,
wie man es sonst mag gar nicht glauben.

Und als der Willi von Paul hört,
dass der an einem Freitag mal
seiner Frau das Ja-Wort gab,
ward Willi im Gesicht ganz fahl.

„Mein Gott, wie konntest du am Freitag?
Dass das Probleme gibt ist klar!"

„Ja heute bin ich auch viel schlauer,
doch damals war mir das egal!"

Das Versprechen

In Willis Kneipe an der Ecke
geht's mal wieder um die Frauen,
und dass diese, leider Gottes,
einem den Tag können versauen.

Da meint doch Paul, den jeder kennt:
„Meine Frau hat immer Recht!
Das hat sich jetzt wieder gezeigt
und zwar eindeutig, gar nicht schlecht!"

„Ja wie denn das? Erzähl' doch mal!",
so schallt es darauf aus der Runde.
Worauf der Paul das Wort ergreift,
um zu vermelden diese Kunde:

„Neulich hab' ich ihr versprochen,
und zwar ohne jeden Scherz,
ihr zum fünfzigsten Geburtstag
zu schenken einen neuen Nerz!

Und zum Dank sprach sie zu mir:
Du lügst mal wieder gar nicht schlecht!
Und, was soll ich weiter sagen ...
Sie behielt natürlich recht!"

Der Betrogene

In Willis Kneipe an der Ecke
da jammert Paul in einer Tour:
„Meine Frau hat mich betrogen!
Mein Gott, wie konnte sie das nur?"

Da fragt voll Mitgefühl der Willi,
der solches wohl schon oft vernommen:
„Bist du dir da völlig sicher?"

„Klar, sie hat Zwillinge bekommen!"

Der Verlassene

In Willis Kneipe an der Ecke
schüttet Paul dem Kumpel Klaus
ganz ungefragt und völlig fertig
demselbigen sein Herze aus:

„Seit meine Frau mich hat verlassen
vermisse ich so allerlei,
so einiges was ich noch hatte,
als sie noch da war, einwandfrei!"

„Ja, ja, dir fehlt wohl ihre Liebe,
Zuneigung und auch Zärtlichkeit,
sowie bestimmt auch ihr Verständnis
und die vertraute Zweisamkeit."

So spricht der Klaus verständnisvoll,
worauf der Paul meint mit 'nem Fluch:
„Nein, mir fehlt nur der Mercedes
und außerdem noch das Sparbuch!"

Der Ratsuchende

In Willis Kneipe an der Ecke
hat Paul die Kappe wieder voll,
und trotzdem fragt er, wenn auch lallend,
den Willi, was er schenken soll.

Und zwar für Erna zum Geburtstag,
seiner holden Ehefrau,
will er von Willi einen Rat,
weil der ja sonst auch stets so schlau.

„Am besten fragst du sie direkt,
was sie sich wünscht, was ihr gefällt!"

Da meint der Paul zu Willi lallend:
„Mein Gott! Wer hat denn so viel Geld?"

Prosit Neujahr!

In Willis Kneipe an der Ecke
stürmte neulich mal ein Mann,
bestellte eine Flasche Sekt
und rief: „Prosit Neujahr!", sodann.

Da meinte Willi: „Es ist Ostern!
Darauf geb' ich dir mein Wort!"

Da lallt der Mann: „Mensch das gibt Ärger!
So lange war ich noch nie fort!"

Zwei gute Gründe

In Willis Kneipe an der Ecke
betrinken sich zwei an der Bar,
den einen hat die Frau verlassen,
drum säuft er jetzt, das ist ganz klar!

Und warum der andre säuft
und alles nur noch sieht verschwommen,
ist aus dessen Sicht auch logisch ...
Dem ist die Frau zurückgekommen!

Durch Zufall

In Willis Kneipe an der Ecke
fragt Willi seinen Stammgast Paul,
wie der einst seine Frau gefunden,
für ihn unglaublich, weil Paul faul.

„Nun ja, ich fand einst in der Zeitung
durch Zufall mal ein Inserat,
ich rief dort an, und meine Ehe
war schließlich dann das Resultat."

„Und, wie steht's? Bist du zufrieden?
Ist sie schön und hat sie Geld?"

Da meinte Paul: „Ich hab die Zeitung
aus Rache danach abbestellt!"

Der Guterholte

In Willis Kneipe an der Ecke
fragt Willi seinen Stammgast Klaus:
„Bist du im Urlaub schon gewesen?
Du schaust recht gut erholt mir aus!"

„Aber nein, wo denkst du hin!
Ich war nicht weg, damit du's weißt!
Aber meine Frau, die Else,
ist seit drei Wochen schon verreist!"

Einfach zu verstehen

In Willis Kneipe an der Ecke
da fragt der Eberhard den Klaus:
„Warum bist du noch immer ledig?
Du schaust doch so schlecht gar nicht aus!"

„Nun ja!", erwidert da der Klaus,
„Das ist ganz einfach zu verstehen,
denn stets wenn ich besoffen bin,
will niemals eine mit mir gehen.

Und wenn ich wieder nüchtern bin,
das wirst du sicher auch verstehen,
dann ist mir keine gut genug
weil ich dann wieder klar kann sehen!"

Der Neider

In Willis Kneipe an der Ecke
da seufzt der Paul laut vor sich hin,
es ist schon 22 Uhr
und mühsam stützt er sich am Kinn.

„Wenn ich heut' Nacht nach Hause komme,
kocht meine Frau mit Garantie!"

Darauf der Willi, ziemlich neidisch:
„Um diese Zeit kocht meine nie!"

Der Verängstigte

In Willis Kneipe an der Ecke
da stöhnt der Paul ganz deprimiert,
während er sich an der Theke
die Bierchen reinzieht, routiniert.

Und als er dann genug getrunken,
das heißt, als er schon ziemlich blau,
da seufzt er: „Willi, es ist schrecklich!
Ich hab so Angst vor meiner Frau!"

Und dann ergänzt er seine Rede,
indem er Willi lallend fragt:
„Geht es dir auch so wie mir?",
worauf der Willi zu ihm sagt:

„Ach Paul, wenn ich ganz ehrlich bin
dann ängstigt mich nicht deine Frau.
Ich fürchte mich viel mehr vor meiner,
und zwar nicht nur wenn ich blau!"

Der Treppensturz

In Willis Kneipe an der Ecke
erzählt der Paul von seiner Frau,
dass sie die Treppe runterfiel
kopfüber und mit viel Radau!

Und dabei biss sie von der Zunge
sich schmerzhaft ab ein großes Stück ...

Worauf der Willi trocken meinte:
„Mensch Paul, was hast du für ein Glück!"

Nach dem Zahnarztbesuch

In Willis Kneipe an der Ecke,
nachdem der Paul beim Zahnarzt war,
wo man ihm einen Zahn gezogen
sprach Willi diesen Kommentar:

„Wenn das mein Zahn gewesen wäre,
und wenn der mich hätte geschmerzt,
hätt' ich mir den längst ziehen lassen,
ohne Furcht und sehr beherzt!"

Da meinte Paul voller Verachtung
zu Willi, diesem Gernegroß:
„Wenn das dein Zahn gewesen wäre,
wär' ich ihn auch schon lange los!"

Welch eine Erkenntnis!

In Willis Kneipe an der Ecke
da meint der Paul, der gerne zecht:
„Der Alkohol verkürzt das Leben!
Mein Doktor, der hat völlig recht!"

Der Willi drauf: „Wie meinst du das?
Erklär' mir das mal ganz konkret!"

„Nun, immer wenn ich bei dir bin,
die Zeit mir äußerst schnell vergeht!"

Der Flenner

In Willis Kneipe an der Ecke
flennt Paul so nach dem zehnten Bier,
die Tränen stehen ihm im Auge,
dann folgt ein Schnaps noch, voller Gier:

„Wir waren 20 Jahre glücklich!
Beide, meine Frau und ich,
doch nun ist leider alles anders...
Ach, es ist so fürchterlich!"

Darauf der Willi: „Sei doch froh!
Ich find' das ist kein Grund zum flennen!
Doch sag, was ist denn schief gelaufen?"

„Nun ja, dann lernten wir uns kennen!"

Die Vermisste

In Willis Kneipe an der Ecke,
wo Paul stets seine Zeit verbringt,
da hatte man ihn neulich abends,
als er reinkam, gleich umringt.

„Wird deine Frau wirklich vermisst?",
so fragte man voll Wissensgier.
Da meinte Paul: „Das kann schon sein;
aber sicher nicht von mir!"

Der Traum

In Willis Kneipe an der Ecke
da meinte Willi mal zu Paul,
der nach der Arbeit sich am Tresen
mal wieder lümmelte recht faul:

„Stell dir vor", so sagte Willi,
„Ich hab' von deiner Frau geträumt ...",
während er am Zapfhahn stand
und sorgte, dass das Bier recht schäumt.

„Von meiner Frau hast du geträumt?",
darauf der Paul ungläubig spricht:

„Was hat sie denn zu dir gesagt?"

„Sie sagte nichts!"...

„Dann war sie's nicht!"

Das Badewasser

In Willis Kneipe an der Ecke
da fragt der Willi interessiert
seinen besten Kunden Paul,
warum er heut so deprimiert.

„Ach, ich hatte großen Streit
und zwar mit Erna, meiner Frau,
das Badewasser war zu heiß,
das hab ich nämlich lieber lau!"

„So etwas kann doch mal passieren,
dass das Wasser zu heiß ist ...

„Von wegen mal, das ging ja noch!
Nein, jedes Jahr macht die den Mist!"

Der blöde Esel

In Willis Kneipe an der Ecke
da regt der Paul sich mächtig auf,
wobei er sogar mit der Faust
kräftig auf die Theke haut:

„Willi, ich bin sehr enttäuscht!
Ich hörte gestern nebenbei,
du hättest überall erzählt,
dass ich ein blöder Esel sei!"

„Dass du ein Esel, das ist richtig!",
meint da der Willi leicht gequält.
„Jedoch der Rest der ist gelogen!
Ich hab das keinem je erzählt!"

Die große Freude

In Willis Kneipe an der Ecke
fragt Willi seinen Stammgast Paul,
wie es denn dessen Frau so geht,
da antwortet der Paul nicht faul:

„Es geht ihr gut, sie ist im Urlaub
und freut sich ihres Daseins dort.
Mich dagegen freut ihr Dortsein,
mit andern Worten dass sie fort!"

Das Autorengespräch

In Willis Kneipe an der Ecke
da schimpft ein Autor pausenlos:

„Kein Mensch will meine Bücher lesen
und dabei schreib ich grandios!"

Darauf ein Gast, der dieses hörte,
zu dem Autor „Gernegroß":

„Das was ich so alles schreibe
wird gelesen, ausnahmslos!"

„Schreiben Sie Western oder Krimis?"

Da meint der andre: „Weder noch!

Nein, nein, ich schreibe Speisekarten,
denn schließlich bin ich ja nur Koch!"

Geschichten von der liebenswerten Familie Meier

Das Weihnachtsgeschenk

Seit Jahren schon besitzt Frau Meier
einen Mantel ganz aus Nerz,
den sie trägt, wenn immer möglich,
und der gewachsen an ihr Herz.

Und so wünscht sie sich zur Weihnacht
von ihrem Mann, den sie liebt innig,
zum Mantel etwas Passendes,
mehr sagt sie ihm nicht, äußerst sinnig!

Und Herr Meier überlegt
und schenkt in seiner Herzensgüte
ihr, wie praktisch, Mottenpulver,
und zwar eine ganze Tüte!

Der Löcherkäse

Am Frühstückstisch der kleine Peter
mäkelnd in die Runde spricht:
„Jetzt sag ich es zum letzten Mal,
den Löcherkäse mag ich nicht!"

Darauf Frau Meier, seine Mutter:
„Ich bitte dich, zier dich nicht so!
Lass doch die Löcher einfach liegen,
die werfen wir dann halt ins Klo!"

Der Wackelpudding

Der Wackelpudding ist serviert
und klein Peter ungeniert
langt mit dem großen Löffel zu,
packt sich den Teller voll im Nu

und sagt: „Mein Freund, du zitterst zwar,
wahrscheinlich hast du Angst, ganz klar,
doch wird dir deine Angst nichts nutzen,
denn trotzdem werd' ich dich verputzen!"

Das Wollknäuel

Frau Meier fingert ganz verzweifelt
an einem dicken Wollknäuel rum,
jetzt fummelt sie schon eine Stunde,
da fragt ihr Mann, dem das zu dumm:

„Was machst du da die ganze Zeit?
Dein Fummeln nervt mich ungemein!"
„Ich such' das Ende von dem Knäuel.
Verflixt, das muss doch hier wo sein!"

Da meldet sich der kleine Peter,
dieser kleine, freche Knabe:
„Das Ende wirst du niemals finden,
weil ich es abgeschnitten habe!"

Das schwache Herz

Herr Generaldirektor Meier
war neulich mal beim EKG,
weil ihm um sein Herz herum
irgendetwas tat recht weh.

Und schließlich, nach der Untersuchung,
da fragte er mit bangem Schmerz:
„Nun, was sagen sie Herr Doktor?
Was halten sie von meinem Herz?"

„Nun ja, was soll ich davon halten?
Ich müsste mich gewaltig irren.
Doch bis zu ihrem selig Ende
wird es schon noch funktionieren!"

Der böse Traum

Seit Wochen schon träumt die Frau Meier
stets den gleichen, bösen Traum,
der sie seelisch stark belastet,
wie man es glauben möge kaum.

Und so besucht sie den Psychiater,
den sie schon von früher kennt,
und erzählt, dass sie im Traum
mit Hut nackt durch die Straßen rennt!

Und dieser fragt verständnisvoll:
„Wahrscheinlich schämen sie sich sehr?"

„Ja doch, der Hut ist äußerst billig
und macht nicht das Geringste her!"

Der Jackenknopf

„Es ist unglaublich", schimpft Frau Meier,
„jetzt näh ich schon zum 10. Mal
diesen Knopf an deine Jacke,
das ist doch wohl nicht mehr normal!"

Darauf Herr Meier: „Ja, das stimmt!
Die Schneider liefern heutzutage
nicht mehr die Qualität von früher,
das steht außer jeder Frage!"

Die neue Sekretärin

Herr Generaldirektor Meier
stellte neulich für sich ein
eine neue Sekretärin,
ein nettes, hübsches Vögelein.

Und als Frau Meier davon hörte,
suchte sie diese sofort auf,
musterte die Neue spitz
und sprach im weiteren Verlauf:

„Ich hoffe, dass Sie keusch und bieder,
zurückhaltend und schüchtern sind.
Nicht wie die letzte Sekretärin ...
Und wehe nicht mein hübsches Kind!"

Die Neue wurde mächtig blass,
doch als sie wieder fasste sich
da fragte sie: „Wer war die alte?"

„Dumme Frage! Das war ich!"

Die Unverstandene

„Ich fühle mich so unverstanden,
Herr Doktor", so Frau Meier spricht.

Darauf der Arzt: „Gnädige Frau!
Das versteh ich aber nicht!"

Beim Friseur

Herr Meier klagt gar bitterlich,
dass seine Frau nur dann zärtlich
und dann nur neigt zum Liebesspiel,
wenn sie Geld braucht, möglichst viel.

Nach dem sich der Friseur anhörte,
was seinen Kunden so sehr störte,
sprach er zu ihm, weise und klug:
„Ist das denn noch nicht oft genug?"

Der Perverse

Frau Meier ist ganz aufgeregt
und schimpft lauthals mit ihrem Mann,
weil auf dessen Anzugsjacken
keine Frauenhaare dran.

Seit Wochen sucht sie jetzt und findet
weder schwarz, noch blond, noch braun
und meint, dass er pervers geworden
und schläft mit kahlköpfigen Frau'n.

Nach dem Empfang

Der Empfang im Hause Meier
ist aus, die Gäste geh'n nach Haus,
ein jeder hat sich amüsiert
und ist zufrieden überaus.

Da fragt Frau Meier ihre Minna,
die vor Erschöpfung völlig matt,
ob man sie, wie sich's gehört,
als Dame auch behandelt hat.

„Aber ja doch, Gnädigste",
antwortet Minna ganz verzückt.
„Die Herren gaben sich viel Mühe ...
Ich wurde sieben Mal beglückt!"

Im Schuhgeschäft

Die Frau vom Herrn Direktor Meier
zum Schuhverkäufer dankend spricht:
„Jetzt endlich bin ich sehr zufrieden,
denn diese Schuhe drücken nicht!"

Darauf der Schuhverkäufer freundlich:
„Das glaube ich, dass dem so ist,
denn sie steh'n im Schuhkarton!"
Darauf Frau Meier: „Welch ein Mist!"

Die Antwort

„Sag, warum hüllst du dich in Schweigen?",
so fragt Herr Meier seine Frau.

„Weil ich nichts anzuziehen habe!",
antwortet ihm Frau Meier schlau.

Vor dem Spielkasino

Herr Meier steht vorm Spielkasino
mit einer Zeitung in der Hand,
die er vor seine Blöße hält ...
Von hinten deckt ihn eine Wand.

Er hat sein ganzes Geld verloren
und seine Kleidung obendrein,
ein Glück nur, dass es grad nicht regnet ...
Doch frieren tut er ungemein.

Da kommt aus dem Spielkasino
noch ein zweiter Mann heraus,
und zwar in der Unterhose ...
Herr Meier will nur noch nach Haus.

Doch vorher nickt er anerkennend
dem Mann in Unterhosen zu,
und sagt: „Sie wissen wenn es reicht!
Ich üb' daran noch immerzu!"

Die neue Stellung

Herr Generaldirektor Meier
die neue Sekretärin fragt,
wie ihr die Stellung denn gefällt,
worauf diese zu ihm sagt:

„Die neue Stellung ist vorzüglich,
worüber ich bin sehr beglückt.
Nur der Locher auf dem Schreibtisch
mich hinten rechts ein wenig drückt!"

Geschichten, welche nachdenklich stimmen

und dennoch vom Humor geprägt sind

Die zweite Uhr

Bislang war ich immer der Ansicht,
dass alle Menschen auf der Welt
nicht genug besitzen können
an Gütern, Weisheit und an Geld.

Doch seit mir meine Ehefrau
geschenkt hat eine zweite Uhr,
sehe ich die Sache anders,
mir würde reichen eine nur!

Denn als ich eine nur besessen
da wusste ich wie spät es war.
Ich hatte stets nur eine Zeit,
die Uhrzeit war mir völlig klar!

Doch wegen meiner lieben Frau
muss ich jetzt zwei Uhren tragen;
und brauch ich die genaue Zeit
muss ich nun fremde Leute fragen!

Das Geduldsspiel

Ein Mann im Spielwarengeschäft
äußert lautstark sein Begehr:
„Ich hätte gerne ein Geduldsspiel;
aber dalli, bitte sehr!"

Die Verunsicherung

Damit ich ruhiger schlafen kann
immer, nicht nur dann und wann,
habe ich mich, kaum zu fassen,
rundherum versichern lassen!

Wie das gemeinhin so der Brauch
zuerst das Leben, doch dann auch
das Haus und dessen Inventar
und alles andre auch sogar!

Nachdem ich nun versichert bin
kam mir neulich in den Sinn,
auf jedem Versicherungsscheine
zu lesen hinten das ganz Kleine.

Und seit ich das gelesen habe,
mit großer Lupe, ohne Frage,
bin ich verunsichert gar sehr
und schlafe überhaupt nicht mehr!

Der Glasermeister

Der Glasermeister Egon Scheibe
wechselte an seinem Haus
der Reihe nach und ausnahmslos
neulich alle Scheiben aus.

Er war in dieser Arbeitswoche
sein bester Kunde, völlig klar,
bis er an seiner Brille merkte,
dass ein Glas gesprungen war!

Der Blitzableiter

Auf unserm Kirchturm in der Stadt
befindet sich ein Blitzableiter,
und zwar immer, Tag und Nacht,
auch wenn das Wetter sonnig heiter!

Und jeden Sonntag frage ich
mich, wenn ich zur Kirche gehe,
warum ich ausgerechnet hier
einen Blitzableiter sehe.

Der Herr muss diesen, will mir scheinen,
und zwar ohne jede Frage,
als Misstrauensbeweis bewerten
an dieser exponierten Lage.

Doch neulich bei der Predigt war es,
nein, ich mache keinen Witz,
kam die Erleuchtung über mich
in Form von einem Geistesblitz.

Seitdem ist mir die Sache klar,
warum derselbige dort wichtig,
denn doppelt abgesichert sein
ist vorteilhaft und wohl auch richtig.

Denn schließlich könnte ja vielleicht
und überhaupt, man weiß ja nie,
die Sache doch ganz anders sein,
denn schließlich fehlt die Garantie!

Der Aberglaube

Wenn es um die 13 geht
selten einer Spaß versteht,
denn dann geht es, kaum zu glauben,
um den bekannten Aberglauben.

Die 13 gilt als Synonym
für unser stetiges Bemühn,
zu vermeiden allerorten
die Risiken der schlimmsten Sorten!

So macht uns nicht nur großen Kummer
die 13 bei der Zimmernummer,
nein, auch der Freitag nicht gefällt,
wenn auf den 13. er fällt.

Nur eines kann ich nicht verstehen,
dass wir beim Geld das anders sehen …

Dann pfeift man auf das Risiko,
nein, dann sind wir sogar froh,
dass wir bekommen, möglichst bald,
unser 13. Gehalt!

Der Heide

Im schönen Städtchen Lüneburg
lebte einst mal ein Chirurg,
der, weil er nicht dran glauben tat,
aus der Kirche einst austrat.

Und dieser Mann, den jeder kennt,
man „Lüneburger Heide" nennt!

Das Ei

Weil das Hühnerei oval,
wird dessen Legen nicht zur Qual.

Doch wären Hühnereier eckig,
ging's den Hennen ziemlich dreckig.

Deshalb ein Dank an die Natur,
dass an den Eiern Kurven nur!

Ein Statistikproblem

Der Klopapierverbrauch pro Kopf
liegt laut Statistik jedes Jahr
durchschnittlich bei 50 Rollen;
unglaublich, aber wirklich wahr!

Doch dass das Amt bei dieser Rechnung
die Menge auf den Kopf bezieht,
ist für mich bis heut ein Rätsel,
weil dort doch nichts damit geschieht!

Der Wegzug der Schwiegermutter

Nur einen Steinwurf weit entfernt
wohnte meine Schwiegermutter,
bis sie neulich weggezogen ...
Seitdem ist alles hier in Butter!

Ich konnte es erst gar nicht glauben,
auch wagte ich es nie zu hoffen ...
Wahrscheinlich ist sie weggezogen,
weil ich sie wohl zu oft getroffen!

Glück oder Gesundheit?

Glück und Gesundheit wünscht man sich
zumeist in jeder Lebenslage,
doch was von beidem wichtiger,
das ist für mich die große Frage.

Denn wie ein jeder von uns weiß,
gab es trotz Gesundheit Panik,
doch leider nur ganz wenig Glück,
seinerzeit auf der Titanic!

Wahre Gerechtigkeit

Am gerechtesten verteilt
überall in jedem Land
ist ganz ohne jede Frage
bei allen Menschen der Verstand.

Denn jeder glaubt ganz zweifelsfrei,
dass er sehr schlau und auch gewitzt,
und genug hat abbekommen,
das heißt, genug davon besitzt!

Geschichten, unglaublich und verrückt

Die Spiegeleier

Zwei Spiegeleier räkeln sich
weiß-gold-gelb in einer Pfanne,
von unten heizt der Ofen mächtig ...
Rechts steht eine Kaffeekanne.

Die Eier sind nicht ganz allein,
es tummeln sich noch in der Pfanne
eine Bratkartoffelschar ...
Links steht eine Abwaschwanne.

Da meint das eine Ei zum andern:
„Ich fühle mich heut so zerschlagen!",
worauf das andere erwidert:
„Als Rührei gibt es mehr zu klagen!"

Im Schirmständer

Zu zwei hübschen Damenschirmen,
in einem Ständer abgestellt,
hatte sich doch neulich mal
ein Spazierstock zugesellt.

Als das die eine Schirmin sah,
erschrak sie sehr und sagte dann,
ganz empört zur andern Schirmin:
„Huch, schau mal da, ein nackter Mann!"

Die Butter

In eine Bratpfanne mit Stiel
neulich ein Stück Butter fiel,
und weil die Pfanne glühend heiß
brach der Butter aus der Schweiß,
und um die Sache kurz zu fassen;
danach war sie sehr ausgelassen!

Ein Zwiegespräch

Ein Telefon zum andern spricht:
„Ich verstehe einfach nicht,
warum du heut' so schlechter Laune
und dauernd Streit hier brichst vom Zaune!"

Darauf das andre Telefon
mit äußerst missgelauntem Ton
und dazu noch sehr aufgeregt:
„Ich bin heut' ganz schlecht aufgelegt!"

Die ungewollte Schwangerschaft

Die Kaiserin ist wieder schwanger
und regt sich deshalb mächtig auf,
und spricht zum Kaiser und Gemahl:
„Das war ein schlechter Kondomkauf!

Wahrscheinlich von dem Lieferanten,
von dem du hast die neuen Kleider,
und die ich auch nicht sehen kann ...
Verflucht sei dieser miese Schneider!"

Äußerst stürmisch!

Das Meer es stürmt, der Wind er braust,
die Wellen türmen sich am Deich,
da sagt 'ne Welle zu der andern:
„Mir ist so schlecht, ich breche gleich!"

Die Glühlampe

Eine 60 Watt Glühlampe,
welche an zwei Strippen hing,
neulich mit der Lampenfassung
folgendes Gespräch anfing:

„Ich bin es leid so rumzuhängen,
den ganzen Tag gibt's nichts zu sehen,
dazu ist es noch dauernd finster ...
Ich kann das alles nicht verstehen!"

Da meinte denn die Lampenfassung,
die schon etwas älter war:
„Wir sind hier in der Dunkelkammer,
das ist dir scheinbar gar nicht klar!"

Und als die Glühlampe das hörte
da ging derselben auf ein Licht,
und sie brannte sofort durch,
was keiner jemals merkte nicht!

Die Aufforderung

Die Nadel spricht zur Langspielplatte:
„Jetzt reicht es mir! Komm' dreh' dich um!
Immer von der gleichen Seite,
auf Dauer ist mir das zu dumm!"-

Im Schwimmbad

Eine Schere und 'ne Nadel,
die Schere von Solinger Adel,
welche scharf und rostfrei war,
das heißt, ein edles Exemplar,
gingen einst einmal zum baden
im Kurschwimmbad von Baden-Baden.

Dort hüpfte denn die Schere gleich
ins Wasser welches herrlich weich
und sie genoss dort offenbar,
dass sie ein guter Schwimmer war
und klapperte im kühlen Nass
fröhlich ohne Unterlass!

Die Nadel aber, ohne Witz,
welche lang und ziemlich spitz
und welche nicht von Adel war,
doch dafür ängstlich offenbar,
stand hilflos und ein wenig dumm
am Schwimmbad-Beckenrand herum.

Und weil sie dort so ängstlich stand
allein herum am Beckenrand,
rief die Schere klappernd, froh:
„Weshalb fürchtest du dich so?
Nun komm doch schon und zier dich nicht!
Oder leidest du an Gicht?"

Die Nadel, die den Ruf vernommen,
rief: „Ich bin schon mal geschwommen,
doch ist mir das nicht gut bekommen,
weil Wasser mir ins Ohr gekommen
und deshalb halt ich meine Spitze
nur in eine Wasserpfütze!"

Die Milchflasche

Völlig einsam und verlassen
dazu noch homogenisiert,
und ergänzend, durch Erhitzung,
durch und durch sterilisiert,
steht vor der Haustür ziemlich dumm
eine Flasche Milch herum.

Dort steht sie schon seit sieben Tagen,
weil vergessen sie der Bauer,
und verärgert flucht sie laut:
„Jetzt werd' ich aber langsam sauer!"

Die Thermosflasche

Ein sehr bemerkenswertes Ding
das ist für mich die Thermosflasche,
die ich mit zur Arbeit nehme
stets in meiner Aktentasche.

Im Winter, wenn es draußen kalt,
da hält sie warm mir meinen Tee,
und im Sommer, wenn es heiß,
hält sie mir kalt den Eiskaffee.

So geht es viele Jahre schon,
mal hält sie kalt dann wieder heiß,
und es wundert mich gar sehr
woher das Richtige sie weiß.

Der Senf

Vor Jahren einstmals in der Schweiz,
im wunderschönen Städtchen Genf,
traf eine offne Würstchendose
auf eine Tube Löwensenf.

Der Löwensenf aus Niederbayern
war aus Senfsaat zubereitet,
die Würstchen aber warn aus Wien
und rundherum ganz zartbesaitet.

Der Senf in seiner engen Tube
hatte es gar ziemlich schwer,
denn auf der ganzen Länge drückte
ihn die Tubenwand gar sehr.

Doch als der Senf die Dose sah
mit den Wiener Würstchen drin,
da stand ihm plötzlich auf einmal
nur nach einem noch der Sinn.

Er rief: „Nun kommt schon aus der Dose!
Ihr Wiener Würstchen, fein und zart.
Ich bin so scharf auf euch, ihr Lieben ...
Ich hab' mich für euch aufgespart!"

Der Luftballon

Ein Luftballon kommt zum Psychiater,
bis aufs Gummi unbekleidet,
und klagt dort jammernd auf der Couch,
dass er stets unter Platzangst leidet!

Die Einladung

Der Schonkaffee zur Sahne spricht:
„Nun komm doch schon und zier dich nicht!
Ich brauche dich! Ich bin so heiß!
Komm und mach mich endlich weiß!"

Und die Sahne überlegt,
und weil der Kaffee sie erregt,
sagt sie: „Eh' ich mich schlagen lasse
komm ich zu dir in die Tasse!"

Und so stürzt sie sich voll Mut
kopfüber in die heiße Flut,
wo auf sie wartet der Kaffee ...
Der zarte, milde von Idee!

Ein Gespräch unter Kerzen

Am Weihnachtsbaume eine Kerze
zu einer andern, nah bei ihr:
„Ist Wasser wohl für uns gefährlich?
Ich weiß es nicht, sag du es mir!"

Da meint die andre Kerze weise,
weil sie wohl vieles schon gesehen:
„Ob Wasser für uns ist gefährlich?
Da kannste sicher von ausgehen!"

Das Zwiegespräch

Ein Büstenhalter und ein Slip,
letzterer aus Doppelripp,
stießen neulich ganz brutal
in der Schleudertrommel mal
beim letzten Waschgang aufeinander
worauf sie hingen ineinander.

Da sprach der Slip zum Büstenhalter:
„Gestatten sie, ich heiße Walter,
und bin des Lebens überdrüssig
weil ich stets dann überflüssig
wenn es denn mal zur Sache geht ...
Das heißt, wenn es mal wird konkret!

Dann wirft man mich ganz achtlos fort
an diesen oder jenen Ort,
und tritt dann auch noch auf mir rum ...
So langsam ist mir das zu dumm!"

Da meinte denn der Büstenhalter
zu dem Doppelrippslip Walter:
„Mein Job der füllt mich prächtig aus
und deshalb bin ich überaus
zufrieden, doch so mit den Jahren
musste leider ich erfahren,
obwohl der Job mir gut gefällt,
er mir doch ständig schwerer fällt!"

Da sprach der Doppelrippslip Walter:
„Ich denke mir, das liegt am Alter!"

Die Schokolade

Als eine Schokolade mal
auf den harten Boden fiel,
da brach sie sich sofort drei Rippen,
was ihr gar nicht gut gefiel.

Doch als sie dann geschmolzen wurde
und man mit ihr Gebäck verschönte,
war dies der Auslöser dafür,
dass sie sich mit der Welt versöhnte!

Denn es wurde ihr ganz warm
ums Herz, bei dieser Prozedur,
und sie schmolz nur so dahin
zu einer leckeren Glasur.

Wie schön ...

Der Kaffee neulich jubilierte:
„Wie ist das Leben schön, juchhe,
weil ich bequem mich setzen kann
und nicht so ziehn muss wie der Tee!"

Verrückte Welt!

Die Nase ist zum Riechen da
und die Füße sind zum Laufen;
doch neulich war es umgekehrt
bei mir, es ist zum Haare raufen!

Die Füße rochen penetrant,
während meine Nase lief;
doch letztlich war ich froh darüber
zu riechen nicht den eignen Mief!

Das Schneegestöber

Ein fürchterliches Schneegestöber
zog mal neulich übers Land,
das heißt, es hat so stark geschneit,
wie man's zuvor noch nie gekannt.

Und sogar die ältesten
Schneeflocken, groß sowie auch klein,
konnten sich nicht dran erinnern
so dicht gefallen mal zu sein!

Die frustrierte Glühbirne

Nachdem man die defekte Birne
weggeworfen, gnadenlos,
da meinte diese ganz frustriert:
„Jetzt bin ich aber fassungslos!"

Der Abfalleimer

Der Abfalleimer ist stinksauer
weil ihm der Müll zum Hals raus steht
und deshalb seine große Klappe,
das heißt, der Deckel nicht zugeht!

In der Kürze liegt die Würze

Satirische Vierzeiler

Wenn ich einst ...

Wenn ich einst gestorben bin
und man mich in den Sarg gelegt,
dann bin ich sicher, dass man mich,
das letzte Mal hat reingelegt!

Welch ein Pech!

Als mir neulich mal vom Herzen
gefallen ist ein dicker Stein,
fiel er direkt auf meine Füße;
wie könnte es auch anders sein?!

Die Polizeikontrolle

Bei der Polizeikontrolle
fragte man mich neulich keck:
„Haben sie Restalkohol?"
„Nein!", sagte ich „ist alles weg!"

Eine Turnübung

Turnübungen gibt es gar viele,
zu denen man sich kann bequemen,
doch am schwersten fällt es mir,
mich selber auf den Arm zu nehmen!

Schlimmer noch …

Schlimmer noch als Geisterfahrer,
die es nicht nur gibt in Polen,
sind für mich die Autofahrer,
die Geisterfahrer überholen!

Der Tierfreund

Auch wenn ich auf den Hund gekommen,
so kam mir neulich in den Sinn,
kann ich trotzdem von mir behaupten,
dass ich ein großer Tierfreund bin!

Der Feuerschlucker

Der Feuerschlucker Feuer schluckt
und weil er sich dabei verschluckt,
muss nun sein Arzt bei ihm behandeln
seine zwei gebrannten Mandeln!

Das Callgirl

Ist man mal eigen und mal willig
dann gilt man gleich als eigenwillig;
und folgt als Girl man jedem Ruf
dann ist man Callgirl von Beruf!

Der Sänger

Ein Mann, der freudig und beschwingt
bei der Liebe Lieder singt,
ist umgangssprachlich rings im Land
zumeist als Popsänger bekannt!

Der Taschendieb

Überall in Stadt und Land
ist der Taschendieb bekannt,
bei dem das Finden findet statt,
bevor man was verloren hat!

Der Milchmann

Die Ehefrau zum Milchmann spricht:
„Nein, heute brauche ich sie nicht!"

Da fragt doch dieser freche Knilch:
„Wie wär's denn mal mit frischer Milch?"

Das Freudenmädchen

Ein Freudenmädchen seufzt gar schwer:
„Ach, ich wünsche mir so sehr,
einmal richtig reich zu sein,
dann würd' ich schlafen ganz allein!"

Der Leichtmatrose

Der Kapitän zum Leichtmatrosen:
„Schrei doch nicht immer Land in Sicht!
So lange wir im Hafen liegen,
ist das noch nicht deine Pflicht!"

Humorvolle Grabsteingedichte

Total schwarzer Humor

Der Geisterfahrer

Hier ruht in Frieden Peter Huf,
Geisterfahrer von Beruf.
Entgegenkommend bis zuletzt
hat es ihn total zerfetzt!

Der Kettenraucher

Hier ruht in Frieden Heinrich Keesen,
der Kettenraucher einst gewesen
und der so lange hat geraucht,
bis er sein Leben ausgehaucht!

Der Uhrmacher

Hier ruht in Frieden Siegbert Knuf,
Uhrmachermeister von Beruf.
Er war geschickt und auch sehr klug
bis ihm die letzte Stunde schlug!

Der Beamte

Hier ruht in Frieden Siegbert Klar,
der von Beruf Beamter war
und der im Dienst entschlafen ist ...
Er wurde Wochen nicht vermisst!

Der Hypochonder

Hier ruht in Frieden August Kläger,
ein Hypochonder offenbar,
den man nie für voll genommen
bis er denn verstorben war!

Der Dompteur

Hier ruht der Dompteur Harry Meier
in einem Schuhkarton, ganz klar,
denn mehr war von ihm nicht mehr übrig
als der Löwe fertig war!

Der Geizhals

Hier ruht der Geizhals Peter Tresen,
der nie spendabel war gewesen,
weshalb er auch im Tode karg
hier nun ruht ganz ohne Sarg!

Die Jungfrau

Hier ruht die Jungfrau Erna Bolte,
die niemals einen Mann je wollte.
Sie liegt allein hier, wie gewohnt,
wodurch sie sich fühlt sehr geschont!

Der Schneider

Hier ruht der Schneider Adolf Hirn
in seinem allerbesten Zwirn,
welcher auch noch bügelfrei ...
Sein Kopfkissen liegt mit dabei!

Der Politiker

Hier ruht der „Grüne" Dieter Kappe
in einem Billigsarg aus Pappe.
Als Kompostierungsspezialist
sorgt er hier für Edelmist!

Das Eheweib

Hier ruht mein Weib, Gott sei's gedankt,
stets hat sie mit mir gezankt.
Auch wusste sie stets alles besser ...
Sie starb an einem Küchenmesser!

Der Friedhofsgärtner

An diesem wunderschönen Ort
ruht Friedhofsgärtner Rudi Kort,
der früher, als er noch am Leben,
hier sein Bestes stets gegeben!

105 Seiten · DIN A 5 · kartoniert · ISBN 978-3-89089-271-9

VERLAG EPPE GMBH · BERGATREUTE/AULENDORF
Alte Kiesgrube 20 · Telefon 07525/923348 · email: verlageppe@t-online.de